DANS L'UNIVERS DES FILMS

Harry Potter™

LA MAGIE FAITE MAISON

DANS L'UNIVERS DES FILMS

Harry Potter™

LA MAGIE FAITE MAISON

LE LIVRE D'ACTIVITÉS DES SORCIERS

Lindsay Gilbert

HUGINN & MUNINN
Paris — New York

THE
Weas

FAMILY

Sommaire

L
Z

Introduction

Pour les fans du monde entier, la saga *Harry Potter* est bien davantage qu'une histoire ou un passe-temps ordinaire : c'est une plongée dans un monde envoûtant, rempli d'aventure et de magie. Les films sont des chefs-d'œuvre captivants que les spectateurs revoient encore et encore sans se lasser, où tout est possible, et qui parlent du pouvoir de l'amitié, de l'amour et des épreuves surmontées. Tout le monde peut s'y identifier ! Comme de vieux amis, Harry, Ron, Hermione, Luna et Neville embarquent le public dans leurs péripéties et leur combat contre la noirceur de Voldemort.

Peu importe que vous ayez vu les films une ou cent fois : à Poudlard, on se sent chez soi. Aussitôt que s'ouvrent les portes de la Grande Salle, la nostalgie s'empare de vous, comme si vous aviez toujours vécu dans cet univers parallèle. Qui n'a jamais imaginé s'assoir à l'une de ces longues tables pour savourer les festins qui rythment les années scolaires ? Qui n'a jamais rêvé déambuler dans les couloirs et le parc du château, ou se détendre dans la salle commune de Gryffondor ? Poudlard a beau être une école fictive, rien de nous empêche de chercher à recréer un peu de son atmosphère, si ?

Les amateurs de loisirs créatifs trouvent mille et une manières de faire entrer l'univers de *Harry Potter* chez eux. Inspiré des films, ce livre officiel d'objets et de recettes « maison » est là pour vous aider à instiller la chaleur et le charme du monde des sorciers à votre propre intérieur.

Chaque section de ce livre enchanteur est remplie de projets créatifs qui donneront un côté « cosy » à votre chambre ou salon, quelle que soit la saison. Confectionnez des pots pour vos fleurs préférées aux couleurs de votre maison favorite (p. 25), personnalisez un coffre à secrets (p. 65) comme si vous vous apprêtiez à partir à Poudlard, créez une ambiance lumineuse automnale avec un chandelier magique (p. 89), réchauffez-vous avec une écharpe (non) cousue de vos mains (p. 135)...

Et pour apprécier plus encore vos réalisations, faites-les en dégustant de délicieuses boissons et friandises ! Chaque chapitre est dédié à une saison

et contient plusieurs recettes qui mettront de la magie dans votre cuisine. De la limonade des Maraudeurs (p. 47) aux caramels à la mélasse de Hagrid (p. 121), il y en a pour tous les goûts !

Vous trouverez au fil de ces pages des instructions détaillées pour réussir tous vos projets, quel que soit votre niveau – et qui sait, vous apprendrez peut-être même de nouvelles techniques ! Vous découvrirez aussi des illustrations, des anecdotes et des photos pour savourer mieux encore l'épopée extraordinaire du tournage de ces films.

Le plus difficile sera certainement de choisir par quoi commencer : des cache-mugs aux couleurs des Weasley (p. 139) pour toute la famille ou un bol de truffes (p. 17) à déguster pendant un marathon ciné ? Quoi que vous décidiez, le plus important est de vous amuser. Dégainez votre pistolet à colle, installez-vous confortablement avec une boisson chaude (un jus de pomme au caramel (p. 81), peut-être ?) et préparez-vous à faire jaillir la magie du bout de vos doigts ! Petit bonus, tous les gabarits de ce livre sont aussi disponibles en ligne sur **www.insighteditions.com/harrypotterhomemade** : vous pourrez ainsi les télécharger et reproduire votre création préférée autant de fois que vous le souhaitez. À vos baguettes, prêt, partez !

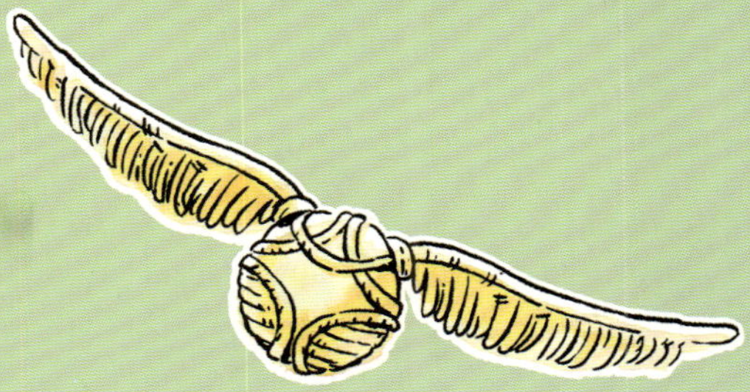

Chapitre 1

Printemps

« Un jour de printemps j'ai trouvé un bocal sur mon bureau, avec juste quelques centimètres d'eau dedans… et flottant à la surface, un pétale de fleur. Tandis que je regardais, il s'est enfoncé. Juste avant qu'il ne touche le fond, il s'est transformé en un minuscule poisson. C'était de la belle magie, magnifique à voir. »

Horace Slughorn, *Harry Potter et le Prince de Sang-Mêlé*

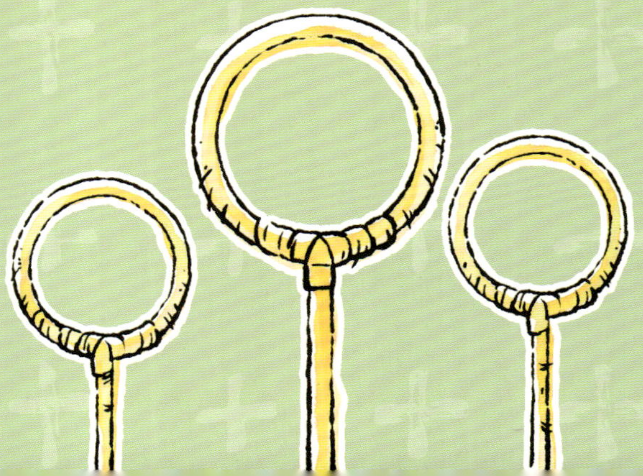

La Concoction végétale du professeur Chourave

Le professeur Chourave enseigne la Botanique, ce qui fait qu'elle passe la majeure partie de son temps à prendre soin des plantes dans les serres de Poudlard et qu'elle encourage tous ses élèves, surtout Neville Londubat, à entretenir leur amour pour le monde végétal. Preuve de son travail au grand air, dans les films, des tas de petits escargots rampent sur ses robes !

Dans *Harry Potter et la Chambre des secrets*, le professeur Chourave apprend aux élèves de deuxième année à rempoter des Mandragores. Le cri d'une Mandragore pouvant être fatal, les jeunes sorciers portent des cache-oreilles pour s'en prémunir. La racine de Mandragore possède des propriétés thérapeutiques puissantes et sert d'antidote pour réanimer les personnes qui ont été pétrifiées.

La douceur du printemps fait pousser les plantes, notamment les fruits et les légumes. Pomona serait sûrement ravie d'avoir une récolte enchanteresse à partager avec ses élèves et collègues de Poudlard. Et quelle meilleure façon d'utiliser vos propres plantations que cette concoction végétale rafraîchissante inspirée de notre professeur de Botanique préférée ?

Ingrédients

Pour 1 verre

- 1 pomme verte, pelée et épépinée
- 80 g d'ananas surgelé
- 1/2 banane
- 240 g d'épinards frais ou surgelés
- 30 ml de jus de citron
- 60 ml de lait
- 1 cuillère à soupe de miel

Instructions

1. Mettez tous les ingrédients dans un blender.
2. Mixez jusqu'à obtenir une texture lisse et onctueuse.
3. Versez dans un verre et savourer les « fruits » de votre travail !

En coulisse

Les créatures des films, comme les Mandragores, ont d'abord été dessinées par les *concept artists* (voir p. 14). Les cinéastes ont ensuite créé des maquettes (de petites sculptures) pour valider leur apparence et trouver comment les construire. L'étape suivante a consisté à fabriquer des moules pour répliquer ces maquettes en latex ou en silicone. Une autre équipe s'est chargée de procéder aux ajustements et d'ajouter peinture et détails aux moulages. Pour le film, cinquante Mandragores animatroniques ont été créées – dont une qui mord le doigt de Drago Malefoy !

« Bienvenue dans la serre numéro trois,
les deuxième année. Approchez-vous tous !
Aujourd'hui, nous allons rempoter des Mandragores ! »

Pomona Chourave, *Harry Potter et la Chambre des secrets*

Les truffes du Tournoi

Dans *Harry Potter et la Coupe de Feu*, le nom de Harry atterrit mystérieusement dans la Coupe de Feu (pourtant envoutée pour éviter ce type de situation), qui le désigne quatrième champion du Tournoi des Trois Sorciers. Certains sont persuadés que Harry a lui-même glissé son nom dans la Coupe ! Pour la première tâche du Tournoi, notre jeune héros, qui n'est qu'en quatrième année, doit récupérer un œuf d'or couvé par un Magyar à pointes, l'un des plus féroces dragons qui soit.

Les Truffes du Tournoi ne sont peut-être pas couvées par des dragons, mais elles contiennent une surprise... Non, pas un indice pour la tâche suivante, mais un croquant au citron absolument indécent ! La saveur printanière du citron donne à cette friandise un goût fabuleux. Ce petit œuf de dragon vous fera revivre l'excitation de la première tâche du célèbre Tournoi, aussi exaltante qu'une chasse aux œufs en chocolat le matin de Pâques !

Ingrédients

Pour 2 œufs

- 170 g de chocolat blanc
- Du colorant alimentaire jaune en gel
- Un moule en forme d'œuf de dragon de 10 cm sur 7 environ (trouvable en ligne)
- 400 g de biscuits au citron
- 110 g de fromage frais
- Du colorant alimentaire doré en spray
- Un pinceau pour peinture alimentaire
- Du colorant alimentaire en poudre de couleur or

Instructions

1. Faites fondre le chocolat blanc au micro-onde ou au bain-marie. Si vous utilisez un micro-onde, chauffez le chocolat 30 secondes, remuez, puis répétez jusqu'à ce qu'il soit complètement fondu.
2. Ajoutez une petite goutte de colorant jaune. Mélangez pour obtenir une couleur homogène.
3. Avec le dos d'une cuillère ou un pinceau à pâtisserie, déposez une couche fine et uniforme de chocolat sur chaque moitié du moule. Laissez prendre 10 à 15 minutes au réfrigérateur.
4. Glissez les biscuits au citron dans un sac plastique et écrasez-les avec un rouleau à pâtisserie.
5. Transvasez les morceaux de biscuits dans un saladier avec le fromage frais et mélangez bien.
6. Démoulez soigneusement les coquilles de chocolat blanc.
7. Remplissez chaque moitié avec le mélange aux biscuits.
8. Faites chauffer une poêle à feu doux. Posez une des moitiés d'œuf (côté bord) dessus de manière à faire fondre légèrement le chocolat, puis pressez immédiatement les deux moitiés l'une contre l'autre pour les coller. Lissez la jointure avec le doigt.
9. Vaporisez une couche de colorant or pour créer un reflet doré. Laissez sécher complètement. Recouvrez l'œuf de colorant doré en poudre à l'aide d'un pinceau : il brillera encore plus !

En coulisse

Aucun dragon n'ayant pu se libérer pour le tournage, Harry et les spectateurs de la première tâche du Tournoi ont dû être très précis dans leurs jeux de regards, puisque les créatures ont été ajoutées en post-production. Pour qu'ils sachent où regarder, les cinéastes avaient fixé une balle de tennis bleue sur une perche qui reproduisait les déplacements et mouvements que les dragons étaient censés faire.

Ils ont aussi fabriqué une maquette du Magyar à pointes dotée d'ailes mobiles et d'une queue amovible. Sa taille ? Plus de quatre mètres d'envergure, soit la longueur d'un minivan ! En s'aidant des photos et des mesures de la maquette, les dessinateurs et animateurs 3D ont ensuite créé le dragon de synthèse sur ordinateur. Le Magyar à pointes que vous voyez à l'écran a occupé plus de 50 personnes pendant plus d'un an !

« Des dragons ? C'est la première Tâche ? C'est une blague ?

- Allons, Harry. Ce sont des créatures méconnues et incomprises. Cela dit, je dois reconnaître que ce Magyar à pointes est une vraie saleté. »

Harry et Hagrid, *Harry Potter et la Coupe de Feu*

THE
Weasley
FAMILY
envelopes
pens & pencils

Le portrait de famille des Weasley

Les Weasley forment une famille aimante et généreuse, respectée par toute la communauté des sorciers. Ils aiment passer du temps ensemble et s'offrent même un séjour en Égypte ! Et surtout, surtout, ils aiment et accueillent Harry d'emblée, comme s'il faisait partie de la famille.

Arthur ayant gagné sept cents gallions à la loterie organisée par *La Gazette du Sorcier*, lui et Molly décident de partir avec leurs enfants un mois en Égypte pendant l'été, pour rendre visite à Bill qui y travaille pour le compte de la banque Gringotts. Cette création s'inspire de la photo de famille prise pendant le voyage et publiée dans *La Gazette* avec le nom des gagnants.

Le portrait des Weasley en poupées de bois est un projet amusant : n'hésitez pas à changer l'arrière-plan selon que vous souhaitez représenter les espiègles sorciers en Égypte ou au Terrier ! Et si vous utilisiez cette technique pour créer le portrait de votre propre famille en vacances ?

Matériel

- Un châssis entoilé de 21 x 15 cm
- De la peinture acrylique blanche et de couleur (pour les poupées)
- Un porte-mine
- 7 poupées de bois
- Des pinceaux fins
- Un feutre indélébile noir à pointe fine
- Du vernis ou peinture en spray transparente
- Les décors Égypte et Terrier (p. 153-154)

Instructions

1. Retournez le châssis sur l'envers. Peignez les côtés et l'intérieur de la toile de plusieurs couches de blanc. Laissez sécher.
2. À l'aide d'un porte-mine, dessinez (sans trop appuyer) les cheveux, les vêtements et les traits distinctifs de chaque personnage sur les poupées de bois.
3. Peignez les figurines au pinceau fin. Pour ma part, je trouve plus facile d'appliquer une même couleur sur tous les personnages avant d'en changer.
4. Quand la peinture est sèche, attaquez-vous aux détails, comme les yeux, avec le feutre indélébile.
5. Recouvrez les poupées d'une couche de vernis ou de peinture transparente pour les protéger.
6. Apposez le nom « Weasley » sur la toile, soit à la main, soit avec du vinyle adhésif. Pour changer le lieu du portrait, découpez les décors Égypte et Terrier (p. 153-154) et placez-les derrière les personnages.

En coulisse

Quand Harry entre au Terrier pour la première fois, il s'aperçoit que Mme Weasley a envoûté divers objets de la maison pour qu'ils se chargent eux-mêmes des tâches ménagères : la vaisselle se lave toute seule, le couteau coupe des légumes, les aiguilles tricotent l'un des pulls dont Mme Weasley a le secret… tous ces effets auraient pu être numériques, mais les cinéastes ont préféré opter pour des astuces mécaniques !

« C'est pas le grand luxe, mais c'est chez nous.
- Je trouve ça merveilleux ! »

Ron Weasley et Harry Potter, *Harry Potter et la Chambre des secrets*

Les jardinières des quatre Maisons

Au cours d'une cérémonie dédiée, les élèves de première année sont répartis par le Choixpeau dans l'une des quatre maisons de l'école : Gryffondor, Poufsouffle, Serdaigle et Serpentard. Chaque maison possède son dortoir, sa table à manger dans la Grande Salle et même sa propre équipe de Quidditch.

Comme un vrai sorcier, affichez avec fierté les couleurs de votre maison sur une élégante jardinière ! Où que vous la placiez, elle envoutera la pièce et accueillera à merveille vos herbes et plantes de saison !

Matériel

- 4 pots pour plantes en céramique blanche
- De l'alcool dénaturé
- Un petit vaporisateur
- Des encres à base d'alcool : rouge, vert, jaune et bleu
- Des encres à base d'alcool métallisées : or, argent, argent foncé
- Une paille ou une bombe à air
- Les gabarits des blasons des maisons (p. 28) ou de Poudlard (p. 29)
- Du vernis ou de la peinture transparente en spray
- Du carton noir, du vinyle adhésif ou un feutre indélébile
- Des plantes grasses, réelles ou fausses
- De l'essuie-tout
- Des gants en latex

Instructions

1. Nettoyez bien l'extérieur des pots à l'alcool.
2. Versez de l'alcool dans le vaporisateur.
3. Choisissez la maison représentée par votre pot :
   - Gryffondor : rouge et or Serdaigle : bleu et argent
   - Poufsouffle : jaune et argent foncé
   - Serpentard : vert et argent
4. Prenez le pot dans une main et vaporisez-le avec l'alcool. Déposez une goutte d'encre sur le pot puis soufflez dessus avec la paille ou la bombe à air. Attention, ça sèche très vite !
5. Si le résultat ne vous plaît pas, nettoyez le pot à l'alcool puis recommencez.
6. Continuez à ajouter de l'encre et à souffler dessus jusqu'à ce que le résultat vous convienne. Pour un effet scintillant, ajoutez quelques gouttes d'encre métallisée.
7. Quand l'encre est sèche, vaporisez le vernis (ou la peinture transparente) pour qu'elle ne s'efface pas.
8. Décalquez les blasons des maisons (p. 28) ou de Poudlard (p. 29) sur une feuille de papier puis découpez-les dans du carton noir ou du vinyle adhésif, ou bien tracez au feutre le blason directement sur le pot.
9. Installez vos plantes. Si elles sont fausses, mettez de la mousse florale et quelques petits cailloux au fond du pot. Si elles sont vraies, remplissez-le d'abord de terre.

ASTUCE :

Quand vous utilisez des encres à base d'alcool, portez des gants pour éviter de vous salir et protégez votre espace de travail ainsi que vos vêtements.

En coulisse

Saviez-vous que chaque maison de Poudlard est associée à l'un des quatre éléments ? Gryffondor, en rouge et or, se rattache au feu, Serpentard, en vert et argent, à l'eau, Poufsouffle, en jaune et noir, à la terre, et enfin Serdaigle, en bleu et bronze, à l'air.

Pour les films, les salles communes ont été imaginées selon les couleurs emblématiques de chaque maison. Par exemple, la salle commune de Gryffondor est décorée dans les tons rouge et or avec des meubles en chêne. Les murs sont recouverts d'une réplique numérique d'une célèbre tapisserie écarlate du XVe siècle, intitulée *La Dame à la licorne*. Chez les Serpentard en revanche, aucune trace de rouge ! La pièce ne contient que du vert et du noir – même ses somptueux canapés sont en cuir noir.

Gabarits des blasons des maisons

Gryffondor

Serpentard

Poufsouffle

Serdaigle

Gabarit du blason de Poudlard (2 tailles)

ASTUCE :

si votre pot est plus grand, téléchargez et imprimez ces motifs à la taille désirée sur **www.insighteditions.com/harrypotterhomemade.**

Falmouth Falcons
Holyhead Harpies
Kenmare Kestrels
Montrose Magpies
Pride of Portree
Puddlemere United

Le baume à lèvres spécial Quidditch

À Poudlard, le Quidditch est une affaire sérieuse ! Toutes les maisons ont une équipe qui affronte les autres au fil de l'année scolaire, chaque match accueillant un public d'élèves et de professeurs survoltés. Au printemps, les vainqueurs du tournoi remportent la coupe des Quatre Maisons – un énorme trophée argenté !

Les joueurs filent à toute allure sur leurs balais pendant des heures, sous les encouragements des supporters. À bien y réfléchir, ils doivent avoir les lèvres gercées à l'arrivée des beaux jours... Est-ce que tous les joueurs et fans de Quidditch n'aimeraient pas avoir un baume à portée de main pour protéger leurs lèvres du vent et de la chaleur du terrain ? À leur place moi, oui !

Matériel

Pour 10 baumes à lèvres

- 30 g de cire d'abeille en paillettes
- 30 ml d'huile de coco
- 30 ml d'huile d'amande douce
- Un bâtonnet en bois
- 10 à 20 gouttes d'arôme de menthe
- 10 petits pots sphériques pour baume à lèvres

Instructions

1. Versez les paillettes de cire dans un bol adapté au micro-onde. Chauffez par intervalles de 30 à 45 secondes jusqu'à ce qu'elles soient complètement fondues.
2. Ajoutez les huiles de coco et d'amande dans le bol et mélangez avec le bâtonnet. Si la préparation commence à se solidifier, repassez-la quelques instants au micro-onde.
3. Ajoutez 10 à 20 gouttes d'arôme de menthe et mélangez bien.
4. Les pots à baume se présentent en trois parties : base, contenant intérieur et couvercle. Préparez votre pot en pressant le contenant intérieur contre le couvercle : vous devez les entendre se clipser. Laissez la base de côté pour l'instant.
5. Versez précautionneusement la préparation cire-huiles jusqu'en haut du contenant intérieur.
6. Laissez refroidir pendant 5 à 10 minutes, puis fixez la base au couvercle.
7. Il faut attendre que le baume se solidifie avant de l'utiliser. Laissez vos pots reposer à température ambiante pendant une nuit ou placez-les au réfrigérateur pendant 1 à 2 heures. Dans l'idéal, conservez ensuite votre baume à température ambiante.

ASTUCE :

Pour créer un baume à lèvres Vif d'or, utilisez tout simplement un pot jaune ou doré, ou peignez-le vous-même (avant d'y verser la préparation) avec une peinture en spray métallisée.

En coulisse

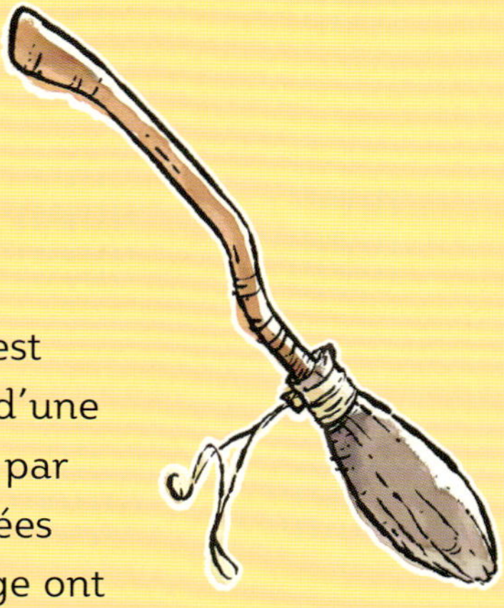

Jouer au Quidditch semble amusant, mais voler sur un balai est loin d'être facile. Les cinéastes ont fabriqué des balais munis d'une selle de vélo et montés sur des systèmes hydrauliques pilotés par ordinateur. La plupart des scènes de Quidditch ont été tournées sur fond vert ; seuls un ou deux plans du premier long-métrage ont été filmés sur site. Tom Felton, l'interprète de Drago Malefoy, explique que « voler » sur un balai était certes rigolo, mais que les selles étaient en réalité très inconfortables !

« Le Quidditch a des règles assez simples. Chaque équipe a sept joueurs : trois poursuiveurs, deux batteurs, un gardien et un attrapeur : toi. »

Olivier Dubois, *Harry Potter à l'école des sorciers*

Les bijoux Rapeltout

Chez les sorciers, un Rapeltout est une petite boule de verre qui se remplit d'un tourbillon de fumée rouge quand son propriétaire oublie quelque chose – dès qu'il a remis la main dessus, la fumée se dissipe.

Dans *Harry Potter à l'école des sorciers*, la grand-mère de Neville Londubat lui offre un Rapeltout… dont la fumée rougit instantanément sans qu'il parvienne à se rappeler ce qu'il a oublié ! Si vous regardez attentivement la scène, vous remarquerez que Neville a omis d'enfiler sa robe de sorcier. Tout le monde autour de lui porte la sienne : il est le seul en pull !

Si vous êtes du genre étourdi, ces bijoux Rapeltout sont pour vous ! Ils vous aideront à vous souvenir des choses importantes à prévoir au cours du printemps, ou bien ce pour quoi vous êtes entré dans telle ou telle pièce… Ces ornements ont une taille idéale pour être arborées en boucles d'oreille ou en pendentif. Comme le Rapeltout de Neville, c'est aussi une belle idée de cadeau !

Matériel

- Une bande de tulle rouge de 5 x 15 cm
- 3 pendentifs globes en verre transparent
- Une pince à épiler (facultatif)
- De la colle à bijoux
- 3 anneaux ouverts
- Une pince à bijoux
- Une chaîne de collier
- 2 montures de boucles d'oreille

Instructions

1. Découpez cinq bandes de tulle rouge (de 0,5 cm à peu près) pour chaque globe.
2. Déposez soigneusement vos morceaux de tulle dans un globe. Celui-ci étant petit, vous pouvez utiliser une pince à épiler pour vous faciliter la tâche.
3. Appliquez un peu de colle à bijoux sur le couvercle et refermez le pendentif. Répétez les étapes 1 à 3 pour les deux autres.
4. Ouvrez les anneaux à l'aide de la pince à bijoux et passez-les dans les globes. Fermez le premier puis glissez-y la chaîne de collier. Pour les boucles d'oreille, glissez la monture avant de refermer l'anneau.

En coulisse

Dans la vraie vie, Matthew Lewis (Neville) ressemble beaucoup à son personnage – timide, un peu étourdi et maladroit. En grandissant au fil des tournages, il a perdu sa silhouette et sa bouille enfantine. Pour faire plus « Neville », il portait donc une combinaison rembourrée, de fausses dents et même des prothèses faisant ressortir ses oreilles ! Pour son premier jour sur le plateau, Matthew a tourné la scène du cours de vol. Inutile de vous dire qu'il a été drôlement surpris de démarrer l'expérience *Harry Potter* harnaché à un balai et secoué comme dans un manège !

« Le problème, c'est que j'arrive pas à me rappeler ce que j'ai oublié ! »

Neville Londubat, *Harry Potter à l'école des sorciers*

Les marque-pages de compagnie

Harry reçoit sa lettre d'admission à Poudlard dans *Harry Potter à l'école des sorciers*. La liste des fournitures scolaires précise que les élèves peuvent apporter… un animal de compagnie ! Parmi les plus célèbres, citons Hedwige (la chouette de Harry), Pattenrond (le chat de Hermione), Croûtard (le rat de Ron) ou encore Trevor (le crapaud de Neville).

Quand Hermione lit ou travaille, surtout à l'approche des examens, Pattenrond n'est jamais bien loin. Amoureux des livres, ces marque-pages inspirés des compagnons à poils et à plumes de la saga *Harry Potter* vous aideront à ne pas perdre le fil de vos lectures !

Matériel

- Les gabarits des créatures de compagnie (p. 42-43) ⬇
- Des feuilles de feutrine de différentes couleurs
- Une paire de ciseaux
- De la colle à tissu
- De l'élastique plat
- Une aiguille et du fil à broder (facultatif)

Instructions

1. Décalquez les gabarits des créatures (p. 42-43) qui vous plaisent.
2. Reportez-les sur la feutrine de votre choix et découpez.
3. Assemblez l'animal à l'aide de la colle à tissu. Pour un meilleur résultat, maintenez les pièces avec les doigts jusqu'à ce que la colle ait pris avant d'attacher un autre élément.
4. Au lieu de coller les petits détails, vous pouvez aussi les broder à la main avec votre aiguille et votre fil à broder.
5. Une fois votre créature assemblée, laissez-la complètement sécher.
6. Découpez une bande d'élastique de 30-35 cm de long.
7. Repérez le milieu de l'élastique et fixez-y votre créature en feutrine avec de la colle. Maintenez en place jusqu'à ce que la colle ait complètement séché.
8. Ramenez les deux extrémités de l'élastique l'une vers l'autre. Fixez-les avec de la colle ou un point de couture.

ASTUCE :

- Si vous n'appuyez pas sur vos pièces de feutrine jusqu'à ce que la colle prenne, elles risquent de se désolidariser par la suite.
- Choisissez les motifs et les couleurs de vos élastiques en fonction de vos créatures !

En coulisse

Tous les animaux ont été chouchoutés sur les tournages ! D'ailleurs, ils étaient beaucoup plus nombreux sur le plateau qu'à l'écran : pas moins de sept chouettes ont interprété Hedwige : Gizmo, Oops, Swoops, Oh Oh, Kasper, Elmo et Bandit. Le chat de Hermione, Pattenrond, a été incarné tour à tour par Crackerjack, Prince et Pumpkin. Croûtard est joué par douze rats, une marionnette et une animatronique. Quatre crapauds ont prêté leurs traits à Trevor. Et l'un des quatre interprètes de Crockdur, le chien de Hagrid, a même été adopté par un dresseur après le tournage !

« Je te préviens, Hermione.
Empêche cette salle bête
de s'approcher de Croûtard ou j'en fais
une descente de lit !

- C'est un chat, Ronald,
qu'est-ce que tu crois ?
C'est sa nature !

- Un chat ? On t'a dit que c'en était un ?
Pour moi ça ressemble plus
à un porc avec des poils.

- C'est le propriétaire de cette vieille
brosse à chaussures puante qui dit ça ?
C'est rien, Pattenrond. Ne fais pas
attention au méchant garçon. »

Ron et Hermione, *Harry Potter et le Prisonnier d'Azkaban*

Patrons des créatures de compagnie

La chouette Hedwige

Le chat Pattenrond

Le rat Croûtard

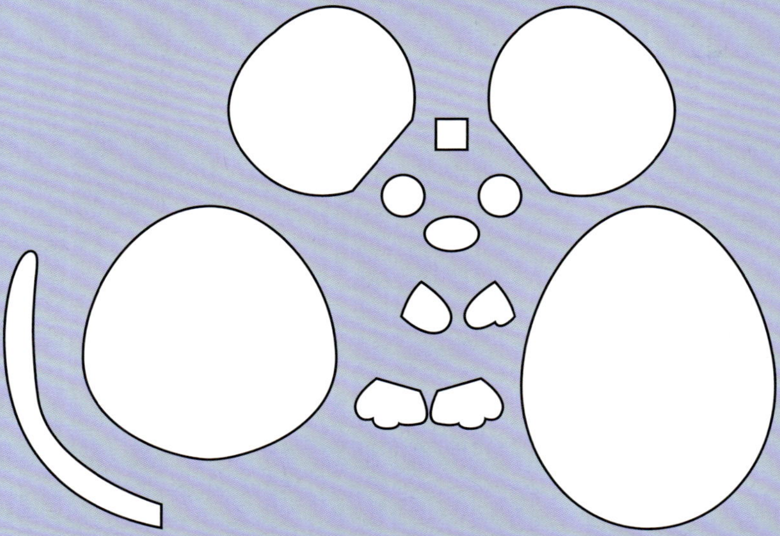

Le crapaud Trevor

UNICORN
RAVENCLAW

Chapitre 2

Été

« Promettez-moi d'écrire cet été.
Tous les deux ! »

Hermione Granger, *Harry Potter et la Coupe de Feu*

MARAUDER'S

La limonade des Maraudeurs

La carte du Maraudeur est une carte magique créée par Lunard, Queudver, Patmol et Cornedrue. Elle a l'apparence d'un parchemin ordinaire… jusqu'à ce que vous la tapotiez de votre baguette magique en prononçant : « Je jure solennellement que mes intentions sont mauvaises. » Elle devient alors une carte formidablement détaillée de Poudlard, qui indique l'emplacement précis de chaque personne présente dans le château. Dans *Harry Potter et le Prisonnier d'Azkaban*, après avoir reçu la carte en cadeau, Harry rejoint secrètement Ron et Hermione à Pré-au-Lard en empruntant les passages secrets révélés sur le plan !

Acolytes chahuteurs, les Maraudeurs ont fait toutes sortes de bêtises pendant leur scolarité et adoraient se prélasser au soleil au bord du lac. Cette limonade rafraîchissante contient un mélange de fruits rouges – quatre, comme les quatre Maraudeurs !

Ingrédients

Pour 4 verres

- 700 ml d'eau
- 50 g de sucre
- 100 g de fruits rouges surgelés (mûres, fraises, framboises et myrtilles)
- 2 cuillères à soupe de jus de citron

Instructions

1. Faites bouillir 200 ml d'eau avec le sucre dans une casserole. Mélangez jusqu'à ce que le sucre soit complètement dissout.
2. Retirez du feu et laissez refroidir.
3. Mixez les fruits au blender jusqu'à obtenir une préparation lisse. Filtrez pour enlever les grains.
4. Versez les 500 ml d'eau restants dans une carafe, ajoutez le sirop de l'étape 1, le jus de citron et la purée de fruits. Mélangez bien à la cuillère ou au fouet.
5. Servez votre limonade avec beaucoup de glaçons !

En coulisse

Les Maraudeurs désignent quatre camarades de Gryffondor : Remus Lupin, Peter Pettigrow, Sirius Black et James Potter. Ces sorciers ne sont pas seulement talentueux : ce sont aussi des Animagi, c'est-à-dire qu'ils sont capables de se transformer en animal à leur guise. Queudver, de son vrai nom Peter Pettigrow, se change en rat… et pas n'importe lequel : Croûtard, le rat de Ron ! Patmol, un grand chien noir, désigne Sirius Black. James Potter, le père de Harry, pouvait se transformer en cerf – d'où son surnom, Cornedrue, en référence à ses bois. Quant à Lunard, c'est Remus Lupin, qui est loup garou. Contrairement à ses amis Animagus, il ne se transforme pas quand il le souhaite, mais seulement les nuits de pleine lune. Ses trois meilleurs amis ont appris à se métamorphoser en animal pour garder un œil sur lui pendant ses transformations.

Le pudding de Pétunia

Pendant son été chez les Dursley, dans *Harry Potter et la Chambre des secrets*, Harry se prépare à entamer sa deuxième année à Poudlard lorsque Dobby s'introduit dans sa chambre pour tenter de l'empêcher de revenir à l'école. Un soir, Pétunia Dursley prépare un superbe gâteau pour ses invités, M. et Mme Mason. Pour causer des ennuis à Harry, Dobby ensorcèle le dessert… qui se renverse sur la tête de Mme Mason !

En Angleterre, le mot « pudding » est synonyme de dessert, alors qu'aux États-Unis, il désigne un dessert à base de crème aux œufs. Ce peut aussi être une crème renversée, un gâteau voire un mets salé cuit à la vapeur ou à l'eau bouillante. Dans *Harry Potter et la Chambre des secrets*, le pudding de Pétunia disparait littéralement sous la crème. Qu'importe : qui refuserait une part de dessert ?

Créez votre version miniature du pudding de Pétunia, recouvert d'une « montagne de crème et de violettes en sucre », à partager avec vos convives cet été. Avec un peu de chance, aucun elfe de maison ne viendra ruiner vos efforts !

Ingrédients

Pour 2 mini puddings

Pudding:

- 500 g de préparation pour gâteau moelleux à la vanille ou nature prête à cuire

Glaçage et décor:

- 475 g de crème fraiche épaisse
- 230 g de sucre en poudre
- 1 cuillère à café de vanille
- Des colorants alimentaires violet et vert
- Des boules en sucre rouges
- Des fleurs en sucre violettes

Instructions

Gâteau :

1. Graissez un moule de 15 cm x 10 cm et tapissez le fond de papier cuisson.
2. Versez la pâte dans le moule.
3. Cuisez à 180°C pendant 30 à 40 minutes. Piquez un cure-dent au centre : s'il ressort sec, le gâteau est cuit !
4. Laissez refroidir 10 minutes puis retournez le gâteau sur une grille pour qu'il finisse de refroidir.
5. Coupez le gâteau en deux horizontalement et déposez la partie inférieure sur un plat.

Glaçage :

6. Fouettez la crème fraîche, au robot ou au fouet électrique, jusqu'à ce qu'elle devienne mousseuse.
7. Tout en fouettant, ajoutez petit à petit le sucre et la vanille.
8. Le mélange est prêt quand il devient épais (avec une consistance de glaçage).
9. Répartissez le glaçage dans trois bols. Ajoutez le colorant violet dans le premier, le vert dans le deuxième. Le troisième reste blanc. Mélangez pour répartir uniformément le colorant.
10. À l'aide d'une cuillère, transvasez les trois glaçages dans des poches à douille. Utilisez un embout cannelé pour donner encore plus de relief à votre décor !

Montage :

11. Recouvrez la moitié inférieure du gâteau d'une couche de glaçage blanc.
12. Posez la seconde moitié par-dessus.
13. Recouvrez l'intégralité du gâteau de glaçage blanc.
14. Tracez un boudin de glaçage blanc sur le bord supérieur de chaque moitié de gâteau.
15. En bas du gâteau, alternez les tourbillons de glaçage verts et violets.
16. Au centre, entre les deux boudins de glaçage blanc, alternez les tourbillons verts et violet.
17. En haut, décorez de tourbillons violets uniquement.
18. Ajoutez une petite boule de sucre rouge sur chaque tourbillon vert du bas, et entre les tourbillons violets du haut.
19. Déposez une fleur violette sur chaque tourbillon violet du bas. Rajoutez-en quelques-unes en haut de manière aléatoire.

ASTUCE :

La crème fraîche monte beaucoup plus vite si le bol et les fouets sont froids.

En coulisse

Les scènes des Dursley ont toujours été filmées indépendamment des scènes de Poudlard – du coup, les trois acteurs n'ont jamais vraiment tourné de scène de magie ! Ils se sont très bien entendus avec Daniel Radcliffe, l'interprète de Harry. Richard Griffiths, qui joue l'oncle Vernon, a plusieurs fois demandé à venir sur le plateau de Poudlard pour observer le tournage. On lui a toujours dit non. Il a même demandé à J. K. Rowling si elle pouvait ajouter au récit un « week-end des parents à Poudlard » afin que les Dursley puisse pénétrer dans le monde des sorciers… mais elle a refusé !

« Il y a de la glace dans le congélateur… »

Pétunia Dursley, *Harry Potter et la Chambre des Secrets*

Les veilleuses Patronus

Expecto Patronum ! Le sortilège du Patronus est le sort de défense le plus connu – mais aussi l'un des plus difficiles. Le Patronus projette une force positive, sous une forme propre à chaque sorcier, qui le protège des Détraqueurs. Harry est l'un des plus jeunes sorciers à maîtriser ce sortilège. Son esprit protecteur est un cerf, comme son père. En cinquième année, il le conjure pour sauver Dudley d'une attaque de Détraqueurs pendant les vacances d'été.

Faire apparaître un Patronus n'est pas chose facile, surtout pour les cinéastes ! Pour créer l'aura lumineuse du cerf, ils ont équipé un chien d'une veste à LED. Saviez-vous que chez les sorciers, le chat et le dauphin sont les plus populaires des Patronus ? Le cerf, lui, est l'un des plus rares. Quel que soit votre niveau de magie, vous allez pouvoir invoquer le vôtre avec cette veilleuse pour vous protéger de l'obscurité des chaudes nuits d'été. Utilisez l'un des patrons fournis dans ce livre, ou téléchargez celui de votre choix sur **www.insighteditions.com/harrypotterhomemade** !

Matériel

- Un gabarit de Patronus (p. 58-59) ⬇
- Un crayon
- Une plaque de bois de 25 x 15 cm
- Un cutter
- Du papier de verre
- De la peinture acrylique noir
- Du vellum bleu
- Du scotch ou de la colle
- Une guirlande LED (à piles)

Instructions

1. Téléchargez ou décalquez votre gabarit de Patronus sur une feuille de papier. Retournez la feuille sur l'envers et coloriez toute la surface au crayon pour y déposer une couche de graphite.
2. Centrez votre Patronus sur la plaque de bois et fixez-le avec du scotch.
3. Tracez le contour sur Patronus au crayon, en appuyant fort sur votre mine.
4. Retirez la feuille : l'image s'est transférée sur le bois comme par enchantement !
5. Placez votre plaque sur un tapis de découpe ou une chute de bois. À l'aide du cutter, découpez la forme transférée. Pour un meilleur résultat, appuyez très peu sur le cutter mais repassez plusieurs fois au même endroit.
6. Une fois la découpe terminée, poncez délicatement les zones rugueuses au papier de verre.
7. Retournez la plaque. Appliquez la peinture noire sur l'endroit et sur les côtés. Plusieurs couches seront peut-être nécessaires : veillez à bien laisser sécher entre chaque couche. Laissez sécher complètement avant de passer à l'étape suivante.
8. Découpez un morceau de vellum légèrement plus grand que votre Patronus. Retournez la plaque de bois et fixez-le avec du scotch ou de la colle.
9. Pour finir, fixez votre guirlande LED tout autour de la découpe, centrée entre le bord du cadre et l'ouverture. Fixez-la avec du scotch ou de la colle.
10. Allumez la guirlande et accrochez votre cadre au mur pour projeter dans la pièce l'aura de votre Patronus !

ASTUCES :

- Quand vous découpez votre Patronus, commencez par les zones perpendiculaires au grain du bois. N'appuyez pas trop pour éviter de casser ou d'écailler la plaque.
- Allez voir sur **www.insighteditions.com/harrypotterhomemade** les autres Patronus disponibles !

En coulisse

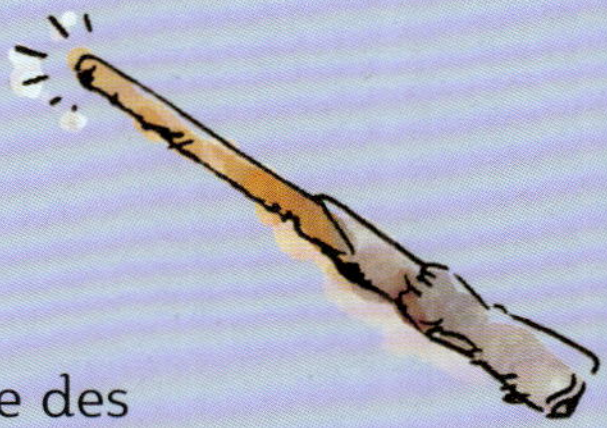

Les cinéastes ont fait de nombreux essais pour créer l'apparence des Détraqueurs. Ils ont commencé par filmer des marionnettes sous l'eau : leurs mouvements sous-marins créent un effet inquiétant, accentué quand les images défilent à l'envers. Toutes les scènes n'ont pu être tournées de cette manière, mais les déplacements et textures ainsi enregistrés ont servi de référence aux créateurs d'effets visuels.

« Un Patronus représente une force positive. Il joue pour celui qui le réussit le rôle de bouclier : les Détraqueurs s'acharnent sur lui plutôt que sur le sorcier. Mais pour que ça marche, il faut se concentrer sur un souvenir. Et pas n'importe lequel : un souvenir particulièrement heureux, particulièrement puissant. »

Rémus Lupin, *Harry Potter et le Prisonnier d'Azkaban*

Gabarits de Patronus

La boule de cristal du professeur Trelawney

Sibylle Trelawney est voyante et professeur de Divination à Poudlard. Elle est aussi l'auteur de la célèbre prophétie à propos de « Celui qui a le pouvoir de vaincre le Seigneur des Ténèbres ». En classe, elle use de son don et de sa boule de cristal pour faire à ses élèves de vagues prédictions. Lors d'un cours sur la divination dans les feuilles de thé, elle voit dans la tasse de Harry le « Sinistros » – un gros chien noir, l'un des présages de mort les plus terribles qui soit.

Pour prédire l'avenir, une voyante plonge son regard dans une boule de cristal. Profitez des mois chauds pour créer la vôtre et pratiquer vos compétences divinatoires ! Quels chouettes projets allez-vous entreprendre cet été ? Jetez un œil dans votre boule pour le savoir !

Matériel

- Une boule en plastique de 8 à 10 cm de diamètre
- De l'alcool dénaturé
- Des encres à base d'alcool : bleu, argent
- Une paille ou une bombe à air comprimé
- Une feuille de film transparent
- Un feutre indélébile noir
- 10 à 15 boules de coton
- Du faux cuir métallisé
- Un pistolet à colle

Instructions

1. Ouvrez la boule à neige et versez quelques gouttes d'alcool. Faites tourner la boule pour les disperser.
2. Ajoutez une goutte d'encre bleue. Soufflez dessus avec une paille ou votre bombe à air pour l'étaler avant qu'elle ne sèche. Continuez à ajouter de l'encre et à soufflez dessus jusqu'à ce que le résultat vous convienne.
3. Pour un aspect scintillant, ajoutez quelques gouttes d'encre métallisée argentée et soufflez.
4. Découpez un cercle de 9,5 cm de diamètre de film transparent. Avec le feutre noir, dessinez votre Sinistros en pointillé. Laissez le feutre sécher complètement avant de manipuler le film !
5. Déchirez vos boules de coton en petits morceaux. Déposez-les dans la boule.
6. Déposez délicatement le Sinistros transparent dans la boule en essayant de le faire tenir debout grâce au coton.
7. Remettez le couvercle et fixez la base.
8. Découpez une bande de faux cuir de la même hauteur que la base, suffisamment longue pour qu'elle en fasse le tour. Fixez-la à l'aide de votre pistolet à colle.

En coulisse

Le professeur Trelawney est un drôle de personnage ! La paire de lunettes qu'elle porte dans les films est dotée de verres grossissants qui agrandissent démesurément ses yeux. Alors qu'une voyante est censée voir le futur, l'actrice Emma Thompson ne distinguait plus rien du présent ni de ce qui l'entourait quand elle les enfilait !

« Celui qui a le pouvoir de vaincre le Seigneur des Ténèbres approche, et le Seigneur des Ténèbres le marquera comme son égal, mais il aura un pouvoir que le Seigneur des Ténèbres ignore. Car aucun d'eux ne peut vivre tant que l'autre survit. »

La prophétie (avec la voix du professeur Trelawney), *Harry Potter et l'Ordre du Phénix*

HUFFLEPUFF
HOGWARTS RAILWAYS
HONEYDUKES
LONDON TO HOGWARTS
for ONE WAY...travel
Platform 9¾

Le coffre à secrets du Poudlard Express

Quand vient le moment d'acheter ses fournitures scolaires… c'est que l'été touche à sa fin ! Si vous aimez ce type de shopping, imaginez quelle doit être l'excitation des jeunes sorciers qui partent faire leurs emplettes au Chemin de Traverse !

Le Poudlard Express, qui emmène chaque année Harry et ses camarades à l'école, se prend sur le quai 9 ¾ de la gare de King's Cross, à Londres. Le tournage des départs en train a nécessité la création des nombreux bagages des élèves, et notamment des coffres personnalisés des personnages principaux, frappés de leurs initiales sur les côtés et du blason de l'école sur le dessus. En plus de tous ces bagages, Stephenie McMillan, la décoratrice des films, a fouillé les animaleries en quête de cages de toutes tailles et de toutes formes pour les chouettes, rats, chats et autres créatures de compagnie !

Ce tutoriel va vous permettre de créer un coffre à secrets digne d'embarquer à bord du Poudlard Express. Non seulement il ressemble vraiment à ceux du film, mais en plus vous pourrez y ranger vos bijoux, babioles, matériel scolaire – bref, tous vos trésors !

Matériel

- Un coffre en bois avec loquet de 20 x 15 cm environ
- Du papier de verre
- De la peinture acrylique marron
- Un pinceau de 2,5 cm
- 2 feuilles de carton épais ou d'aggloméré
- Un morceau de 30 x 60 cm de feutrine ou de beau tissu
- Un pistolet à colle
- Une figurine d'animal de compagnie (chouette, chat, rat...) de 7-8 cm
- Des stickers (p. 157)

Instructions

1. Poncez les éventuelles rugosités du coffre au papier de verre.
2. Peignez l'extérieur en marron. Plusieurs couches seront peut-être nécessaires.
3. Laissez la peinture sécher complètement puis poncez pour lui donner un aspect vieilli. L'idée est de donner l'impression que votre coffre a déjà fait plusieurs allers-retours à Poudlard !
4. Prenez les mesures des parois intérieures : vous les doublerez ainsi de tissu plus facilement.
5. Découpez des morceaux de carton ou d'aggloméré correspondant aux mesures de chaque paroi.
6. Positionnez-les dans le coffre, sans les coller dans un premier temps, pour vérifier leur taille. Retirez-les et ajustez-les si besoin.
7. Prenez une de vos pièces de carton. Découpez un morceau de tissu 1,5 cm plus large, posez-le sur la table, face cachée, et placez le carton au centre. Coupez les angles du tissu en diagonale, rabattez les côtés sur le carton et collez. Faites la même chose pour chaque pièce de carton.
8. Encollez l'une des parois intérieures. Positionnez le morceau de carton correspondant et pressez-le jusqu'à ce que la colle ait pris. Faites la même chose pour chaque paroi, jusqu'à ce que votre coffre soit entièrement doublé de tissu.
9. Refermez le coffre et collez votre figurine dessus.
10. Détachez ou téléchargez les motifs de votre choix de la page 157, puis collez-les pour personnaliser votre coffre selon votre personnalité de sorcier.
11. Il ne vous reste qu'à le remplir ! Il abritera à merveille vos bijoux, babioles, stylos et autres secrets.

En coulisse

Pour *Harry Potter à l'école des sorciers*, le réalisateur Chris Columbus a tenu à ce que l'intérieur du Poudlard Express rappelle le train qu'empruntent John, Paul, George et Ringo dans *A Hard Day's Night*, un film des Beatles de 1964 qu'il adore !

« Tout ce que tu as à faire, c'est marcher droit vers le mur qui est entre les voies 9 et 10. Et si tu as peur, le mieux c'est de marcher très vite ! »

Molly Weasley, *Harry Potter à l'école des sorciers*

Les Lorgnospectres de Luna Lovegood

Aussi incontournables que soient les lunettes de soleil en été, aucune paire n'arrive à la cheville des Lorgnospectres de Luna Lovegood ! Dans les films, les Lorgnospectres sont de grandes paires de lunettes colorées offertes pour l'achat d'un exemplaire du *Chicaneur*. Luna les porte dans le train, avec Harry et Neville, dans *Harry Potter et le Prince de Sang-Mêlé*. Elle dit qu'ils lui permettent de voir les Joncheruines, des créatures invisibles qui « entrent dans la tête par les oreilles et embrouillent le cerveau ».

Luna n'a jamais peur de se montrer telle qu'elle est, ni de dire ce qu'elle pense. En bonne Serdaigle, elle est intelligente, pleine d'esprit, excentrique et fidèle en amitié. Elle a aussi le chic pour trouver des solutions créatives à n'importe quel problème. Dans les films, elle porte des vêtements dépareillés dans les tons bleus et violets, faits de tissus artisanaux qui évoquent la nature et les animaux. Jany Temime, la costumière, explique que Luna « vit dans le monde qu'elle s'est inventé. C'est le genre d'enfant à collectionner les insectes, les animaux. Le regard qu'elle porte sur le monde est unique. J'ai cherché à le refléter dans ses vêtements, c'était important ».

Les Lorgnospectres sont à son image : bizarres, différentes des autres paires de lunettes, attachantes dans leur originalité. Ce projet de string art est une façon de nous rappeler de voir le monde comme Luna et de profiter de l'été pour marcher pieds nus dans l'herbe !

Matériel

- Un rectangle de bois de 15 x 25 cm
- De la peinture acrylique blanche
- Un pinceau
- Le gabarit des Lorgnospectres (p. 71)
- Du scotch
- 120 clous blancs de 2,5 cm
- Un marteau
- 1 mètre de ficelle rose pâle
- 50 cm de ficelle rose foncé
- 50 cm de ficelle bleue
- Un crochet (facultatif)

Instructions

1. Peignez la plaque de bois en blanc (plusieurs couches seront peut-être nécessaires). Attention à bien laisser sécher entre chaque couche.
2. Téléchargez ou décalquez le gabarit des Lorgnospectres de la page 71 sur une feuille. Centrez-le sur la plaque de bois et scotchez-le.
3. Enfoncez les clous tout autour du dessin avec le marteau, espacés d'1,5 cm environ (veillez à protéger la table avec une chute de bois par exemple, au cas où les clous ressortiraient de l'autre côté de la plaque !)
4. Retirez le dessin de la plaque en le déchirant autour des clous.
5. Accrochez la ficelle bleue sur l'un des clous du verre gauche et coupez la petite extrémité.
6. Passez la ficelle aléatoirement autour de chaque clou jusqu'à remplir le cercle. Faites ensuite le tour du verre pour créer une bordure. Faites un nœud et coupez l'excédent.
7. Répétez les étapes 5 et 6 avec la ficelle rose foncé pour le verre droit.
8. Enfin, avec la ficelle rose pâle, délimitez le bord des Lorgnospectres et remplissez l'espace restant. Quand vous avez terminé, faites un nœud et coupez l'extrémité. Attention à bien repasser toutes les extrémités coupées dans la ficelle pour qu'elles restent invisibles.
9. Fixez un crochet derrière la plaque et accrochez cette création magique au mur !

Gabarit des Lorgnospectres

En coulisse

Evanna Lynch, l'interprète de Luna, est aussi inventive que son personnage : c'est elle qui a créé les boucles d'oreille ainsi que la coiffe de lion qu'elle porte dans les films ! Les costumiers et décorateurs, inspirés par ses idées, les ont intégrées à ses tenues et au décor de sa maison.

« Tu ne deviens pas fou. Moi aussi je les vois. Tu es aussi sain d'esprit que moi. »

Luna Lovegood, *Harry Potter et l'Ordre du Phénix*

UNICORN
MR H POTTER,
The Cupboard under the Stairs,
4, Privet Drive,
Little Whinging,
SURREY

La pochette-lettre de Poudlard

Les lettres d'admission à Poudlard sont envoyées chaque été aux sorciers qui atteignent leur onzième anniversaire – un moment terriblement excitant ! Écrit sur un parchemin, le courrier contient un mot du directeur ou de la directrice de l'école, ainsi que la liste des fournitures pour l'année à venir. Il est adressé par hibou ou par la poste habituelle des Moldus.

Ceux d'entre nous qui rêvent d'aller à Poudlard guettent encore leur lettre. Alors en attendant qu'un hibou frappe à votre porte cet été, confectionnez-vous une pochette-lettre aux armoiries de Poudlard, avec son cachet de cire, pour transporter vos documents personnels !

Matériel

- Un morceau de tissu en coton blanc (50 x 55 cm)
- Un morceau de tissu en coton (50 x 55) (motif au choix)
- De l'entoilage thermocollant
- Un tapis de découpe et un cutter rotatif
- Un fer à repasser
- Une machine à coudre (facultatif)
- Des épingles
- Une baguette ou un kit guide-passe
- Du velcro
- De la colle à tissu
- Le gabarit du blason de Poudlard
- De la feutrine rouge
- Une paire de ciseaux
- Le gabarit de l'adresse de Harry Potter
- Un feutre à tissu noir ou du vinyle thermocollant

Instructions

1. À l'aide du tapis de découpe et du cutter rotatif, découpez des rectangles de 30 x 55 cm dans les deux tissus et l'entoilage.
2. Marquez le milieu de l'un des bords courts du tissu. Rabattez les coins (comme pour faire un avion en papier) de manière à former une pointe. Repassez au fer puis coupez le long des plis de manière à détacher les coins. Répétez cette étape pour l'autre tissu et pour l'entoilage.
3. Placez le tissu blanc face contre table, et positionnez l'entoilage dessus, face collante contre le tissu. Fixez l'entoilage au tissu avec votre fer à repasser (en suivant les instructions sur l'emballage).
4. Superposez les deux tissus endroit contre endroit. Faites une couture tout autour à 0,7 cm du bord en laissant une ouverture de 10 cm dans le bas.
5. Dégarnissez tous les angles (vous obtiendrez ainsi des coins plus nets). Attention à ne pas couper la couture !
6. Retournez la pochette en la passant dans l'ouverture. Utilisez une baguette ou un guide-passe pour dégager les coins.
7. Écrasez les coutures au fer. Rabattez les bords de l'ouverture sur 0,7 cm, pour la marge de couture. Fermez l'ouverture avec des épingles.
8. Faites un point zig-zag le long du bas de la pochette – l'aiguille doit sortir juste à l'extérieur du tissu.
9. Positionnez le tissu avec la pointe en haut et la doublure face à vous. Rabattez le bord inférieur sur 18 cm et épinglez les côtés.

Suite page 76

UNICORN
RAVENCLAW
STUDENT JOURNAL

10. Cousez les côtés avec un point zig-zag (laissez l'aiguille sortir juste à côté du tissu). N'oubliez pas de faire un point arrière en haut et en bas.

11. Rabattez la pointe vers le bas et marquez le pli au fer.

12. Découpez un petit morceau de velcro. Gardez les deux faces fermées. Déposez un peu de colle à tissu au dos de chaque face et placez-les en-dessous de la pointe de l'enveloppe. Rabattez la pointe comme si vous fermiez une enveloppe, et pressez jusqu'à ce que la colle ait pris. Une fois qu'elle est sèche, vous devriez pouvoir ouvrir l'enveloppe, chaque face du velcro restant fixée l'une à la pochette, l'autre au rabat.

13. Pour donner à votre pochette une allure plus « officielle », téléchargez, imprimez et découpez le gabarit du sceau de Poudlard sur **www.insighteditions.com/harrypotterhomemade.** Découpez chaque pièce dans de la feutrine rouge et fixez-les avec de la colle à tissu. Quand votre sceau est sec, collez-le sur la pointe du rabat.

ASTUCE :

Téléchargez le gabarit de l'adresse sur **www.insighteditions.com/harrypotterhomemade** et reportez-le à la main sur le devant de la pochette avec un feutre à tissu, ou découpez-le dans du vinyle thermocollant et collez-le au fer.

En coulisse

La scène de *Harry Potter à l'école des sorciers* dans laquelle déferlent des dizaines de lettres de Poudlard chez les Dursley a été particulièrement amusante à tourner ! Les cinéastes ont installé des systèmes de propulsion d'air pour lancer les enveloppes par la cheminée à un rythme soutenu, mais contrôlé. Des enveloppes truquées ont aussi été disposées un peu partout dans le décor, pour créer l'impression qu'elles envahissent la maison de tous les côtés.

HOGWARTS
DRACO DORMIENS NUNQUAM TITILLANDUS
LONDON TO HOGWARTS
for ONE WAY travel
Platform 9¾
weasleys' wizard wheezes
PROGRAMME
THE GREATEST MAGICAL EVENT OF THE YEAR
PROGRAMME

Chapitre 3

Automne

« Bienvenue, bienvenue pour
une nouvelle année à Poudlard ! »

Albus Dumbledore, *Harry Potter et le Prisonnier d'Azkaban*

Le jus de pomme au caramel de Horace Slughorn

Horace Slughorn, maître des Potions de Poudlard à la retraite, aimait organiser des fêtes réservées aux membres du très exclusif « Club de Slug », composé d'élèves soigneusement choisis par lui-même pour leurs aptitudes magiques ou leurs connaissances pointues. Décors, petits-fours, divertissements : les fêtes de Slughorn étaient somptueuses. Nous ne doutons pas qu'il aurait été fier d'y servir ce délicieux jus de pomme au caramel !

Jim Broadbent, l'interprète du fameux Horace Slughorn, a joué dans plus de cent films. Pour *Harry Potter et le Prince de Sang-Mêlé*, il a été confronté à un nouveau défi : « Quand mon personnage apparaît à l'écran pour la première fois, explique-t-il, je suis déguisé en fauteuil. » Quand on lui demande si sa longue carrière l'avait préparé à ce rôle un peu spécial, il répond : « J'ai une fois enregistré la voix d'une cuvette de toilette. Mais là, c'était mon premier vrai fauteuil ! »

Ingrédients

- 350 ml de jus de pomme
- 20 ml de sauce caramel
- ½ cuillère à café de vanille
- ½ cuillère à café de mélange à pain d'épices
- ½ cuillère à café de sucre en poudre
- ½ cuillère à café de cannelle

Instructions

1. Dans une casserole, faites chauffer à feu doux le jus de pomme, le caramel, la vanille et le mélange à pain d'épices.
2. Montez la température sur feu moyen et mélangez jusqu'à ce que le caramel soit complètement dissout.
3. Déposez une ligne de caramel sur le bord du verre et trempez celui-ci dans le mélange sucre + cannelle.
4. Versez précautionneusement la boisson dans le verre. Attention, c'est chaud !
5. Décorez d'une tranche de pomme et dégustez !

En coulisse

Le tissu lilas qui tapisse le fauteuil de Slughorn avant de devenir son pyjama est une trouvaille de Jany Temime, la costumière. La garde-robe du maître des Potions est impressionnante : les costumiers et les décorateurs de plateau ont systématiquement cherché à assortir l'environnement de Slughorn à son style vestimentaire. Les dîners du Club de Slug ayant toujours lieu dans son bureau, les cinéastes y ont installé une table ronde pour treize convives, des chaises sculptées et des meubles de cuir marron. Les tentures de soie marron qui recouvrent les murs sont même assorties aux luxueux rideaux !

« Quant à certains de vos camarades… disons qu'ils ont peu de chances de se retrouver sur l'étagère. »

[Slughorn désigne les portraits au mur des anciens membres du « Club de Slug »]

« Quiconque aspire à devenir quelqu'un espère se retrouver là. Mais vous bien sûr, vous êtes déjà quelqu'un, n'est-ce pas Harry ? »

Horace Slughorn, *Harry Potter et le Prince de Sang-Mêlé*

Les sucettes des lutins

Les lutins de Cornouailles sont de turbulentes petites créatures bleues qui jouent de vilains tours à tout le monde. Dans *Harry Potter et la Chambre des secrets*, le professeur Lockhart en lâche toute une cage pendant son cours de Défense contre les forces du Mal… et perd rapidement le contrôle de la situation. Les lutins sèment le chaos dans la classe, jusqu'à ce que Hermione ait l'idée brillante de les arrêter par un sortilège de Blocage.

Ces sucettes bleu électrique sont inspirées de ces terribles farceurs. Aussi jolies que soient ces sucreries, je vous invite à observer la tête de vos amis quand ils les dégusteront à Halloween, sans se douter de rien…

Ingrédients

Pour 24 sucettes de 3,5 cm de diamètre

- Un moule à sucettes en silicone (3,5 cm de diamètre)
- 24 bâtons de sucette
- 125 g de sucre
- 120 ml de sirop de maïs clair
- 60 ml d'eau
- Un thermomètre à sucre
- 1,5 cuillère à café d'arôme de bonbon
- Du colorant alimentaire bleu
- 4 ou 5 paquets de bonbons bleus pétillants

Instructions

1. Graissez légèrement le moule avec une feuille d'essuie-tout.
2. Déposez les bâtons dans les cavités dédiées.
3. Dans une casserole, faites chauffer le sucre, le sirop de maïs et l'eau sur feu moyen-fort.
4. Mélangez sans vous arrêter jusqu'à ce que le sucre soit dissout.
5. Quand la préparation commence à bouillir, plongez-y votre thermomètre à sucre. Laissez bouillir jusque 143-149°C.
6. Retirez la casserole du feu, ajoutez le colorant bleu et mélangez.
7. Versez immédiatement la préparation dans les moules à l'aide d'une cuillère. Veillez à bien recouvrir les bâtons.
8. Laissez refroidir complétement puis démoulez les sucettes.
9. Versez les bonbons pétillants dans un petit bol.
10. Mouillez une feuille d'essuie-tout puis essorez-la. Frottez les deux côtés et les bords de chaque sucette avec l'essuie-tout pour les humidifier (sans les détremper !), puis plongez les sucettes dans le bol pour les recouvrir de bonbons pétillants.
11. Déposez les sucettes sur une assiette ou plantez-les dans du polystyrène pour les faire sécher.

ASTUCES :

- Si le mélange au sucre commence à refroidir ou à épaissir, remettez-le sur le feu pour le réchauffer.
- Certains bonbons pétillants s'activeront au contact des sucettes… vous êtes prévenus !

En coulisse

Quand le professeur Lockhart ouvre leur cage, les lutins de Cornouailles jettent les livres au bas des étagères et tirent les cheveux des élèves – des effets mécaniques obtenus grâce à des câbles très fins. Quant aux créatures elles-mêmes, les cinéastes ont d'abord fabriqué une maquette qu'ils ont scannée puis animée sur ordinateur. Pour *Harry Potter et la Chambre des secrets*, Neville a dû porter de faux bouts d'oreilles attachés à des câbles et tirés par les lutins ! Et si vous regardez bien, dans *Harry Potter et les Reliques de la Mort, 2e partie*, la Salle sur Demande en abrite toute une colonie.

« Vous pouvez rire, mais sachez que les lutins peuvent être de petites pestes diaboliques ! Voyons comment vous allez vous en sortir. »

Gilderoy Lockhart, *Harry Potter et la Chambre des secrets*

Le chandelier à deux étages

Les bougies qui flottent dans la Grande Salle lui donnent une atmosphère incomparable. Cet élément de décor tout simple crée un effet visuel épatant ! Saviez-vous qu'elles sont ensorcelées de manière à empêcher la pluie et la neige de tomber dans la pièce ?

Ce chandelier à deux étages, avec ses bougies flottantes faites main, s'allume vraiment et donnera à votre maison un peu de la chaleur et de la magie de la Grande Salle, quand les jours commencent à s'assombrir. Et pour rester dans le thème des objets flottants ensorcelés, il possède aussi tout un étage de clés ailées (pas de panique, elles ne vous attaqueront pas !). Saviez-vous que les clés volantes de *Harry Potter à l'école des sorciers* étaient une protection imaginée par le professeur Flitwick ?

Matériel

- Un anneau d'art floral en bois de 15 cm de diamètre
- Un anneau d'art floral en bois de 20 cm de diamètre
- De la peinture acrylique argentée
- 7 bougies chauffe-plat LED télécommandées
- Une perceuse à main et une mèche de 1,5 mm 4 feuilles de papier cartonné blanc
- De la colle à papier à séchage rapide
- Un pistolet à colle et des recharges
- Du fil en nylon transparent
- Les gabarits des clés volantes (p. 92) ➋
- Du vellum irisé
- Une paire de ciseaux
- 13 clés anciennes
- 45 cm de chaîne argentée
- 12 fermoirs mousquetons
- Un crochet métallique en S de 3 ou 4 cm

Instructions

1. Recouvrez les deux anneaux de bois de peinture argentée. Appliquez deux couches sur chaque face, en laissant sécher complètement entre les deux. Réservez.
2. Avec la perceuse à main, percez un petit trou dans la « flamme » de chaque bougie (éteinte) sans toucher la led.
3. Coupez les feuilles cartonnées en deux, dans la hauteur. Recoupez chaque demi-feuille de façon à obtenir des bandes de tailles variées.
4. Appliquez un peu de colle à papier autour d'une bougie et sur le bord court de l'une des bandes de l'étape 3. Enroulez la bande autour de la bougie pour former un tube. Pressez le papier contre la bougie avec une main et les deux bords du tube avec l'autre jusqu'à ce que la colle ait pris.
5. Déposez un peu de colle du pistolet à colle sur le bord du tube, côté bougie, et laissez-la couler sur le papier. Formez ainsi des coulures tout autour du tube. Maintenez la bougie verticale et laisser sécher complètement.
6. Répétez les étapes 3 et 4 pour les autres bougies.
7. Coupez sept morceaux de fil en nylon. Passez l'extrémité d'un fil dans le trou d'une des flammes de bougie et faites un nœud.
8. Attachez l'autre extrémité du fil au grand anneau de bois. Faites la même chose pour les autres bougies.
9. Espacez les bougies sur l'anneau à intervalles réguliers. Fixez-les en déposant une goutte de colle sur l'anneau, par-dessus le fil.
10. Téléchargez ou décalquez les gabarits des clés volantes (p. 92). Découpez 13 paires d'ailes dans le vellum irisé.
11. Pliez les ailes en deux et fixez-les aux clés avec la colle à papier. Laissez sécher avant de passer à l'étape suivante.
12. Découpez treize morceaux de fil de nylon. Attachez une extrémité à la clé et l'autre au petit anneau de bois. Pensez à varier les longueurs de fil pour donner l'impression que les clés volent de manière aléatoire.
13. Coupez la chaîne en deux morceaux de 22,5 cm. Enlevez l'attache (s'il y en a une) et accrochez un fermoir mousqueton aux extrémités des deux chaînes.
14. Fixez la première à l'anneau des bougies en accrochant les mousquetons l'un en face de l'autre.
15. Accrochez la seconde perpendiculairement à la première.
16. Quand on les soulève, les chaînes se coupent en croix. Repérez le centre de chaque chaîne et glissez-y le crochet en S.
17. Découpez quatre morceaux de fil de nylon de 25 cm de long. Accrochez un fermoir mousqueton à chaque extrémité. Vérifiez que vos fils font encore tous la même taille une fois les fermoirs fixés.
18. Accrochez les quatre fils à l'anneau des clés, espacés d'un quart de cercle.
19. Remontez les fils et fixez la seconde extrémité à l'anneau des bougies.
20. Accrochez le crochet en S au plafond. Si besoin, réajustez l'emplacement des mousquetons pour équilibrer le chandelier.

ASTUCE :

Pour rouler les tubes de papier plus facilement, placez une deuxième bougie, non encollée, de l'autre côté et retirez-la une fois que la colle a pris.

Gabarits des clés volantes

En coulisse

Pour *Harry Potter à l'école des sorciers*, les cinéastes ont suspendu près de 400 véritables bougies à des câbles oscillant de bas en haut. Le résultat était extraordinaire mais dès les premiers jours de tournage, la chaleur des flammes a brûlé les câbles… et les bougies se sont mises à tomber sur les tables ! Par mesure de précaution, toutes les bougies flottantes ont donc été remplacées par des alternatives numériques.

« On peut trouver le bonheur même dans les moments les plus sombres. Il suffit de se souvenir d'allumer la lumière. »

Albus Dumbledore, *Harry Potter et le Prisonnier d'Azkaban*

LONDON TO HOGWARTS
for ONE WAY...travel
Platform 9¾
Issued subject to the Rules & Regulations of the Hogwarts Express Railway Authorities
PROGRAMME

Le blason de Poudlard en macramé

Tous les enfants aiment décorer leur chambre aux couleurs de leur école, et les élèves de Poudlard n'y font pas exception. De retour dans les dortoirs, au début de l'automne, chacun installe ses trésors frappés des armoiries de Poudlard.

Impossible de faire l'impasse sur ce blason de Poudlard en macramé ! Ce projet amusant peut se faire dès la rentrée, histoire de démarrer l'année scolaire du bon pied, et fera forte impression une fois suspendu dans la chambre des apprentis sorciers !

Matériel

- Le schéma du blason de Poudlard (p. 98) ⬇
- 30 mètres de corde à macramé de 3 mm de diamètre en blanc (ou naturel), noir, rouge, bleu et jaune
- Une paire de ciseaux
- Une baguette de bois de 20 cm de long (1,3 cm de diamètre)
- Du scotch
- De la colle à tissu (facultatif)

Instructions

1. Photocopiez ou gardez sous les yeux le schéma du blason de Poudlard de la page 98.
2. Coupez 15 brins de corde blanche d'un mètre de long chacun.
3. Fixez-les à la baguette de bois par un *nœud en tête d'alouette* (voir p. 97). Les brins doubles ainsi obtenus sont appelés « fils centraux ».
4. Les « fils de travail » sont ceux qui vont créer les zones colorées du blason. Ils doivent mesurer 305 cm. Coupez 4 à 5 longueurs de corde blanche et 2 à 3 longueurs de corde noire, rouge, bleue et jaune.
5. Scotchez les extrémités de la baguette de bois à votre surface de travail : ainsi, elle ne bougera pas !
6. En partant de la gauche et en progressant vers la droite, nouez vos fils de travail aux fils centraux par un *nœud baguette vertical* (voir p. 97). Sur le schéma de référence, chaque case représente un nœud : pensez à le consulter régulièrement !
7. Le premier rang de nœuds se fait avec la corde blanche. Utilisez une longueur (305 cm) de corde comme fil de travail et nouez-la par un *nœud baguette vertical* à chacun des brins doubles de vos fils centraux.
8. Une fois le premier rang terminé, vous allez pouvoir commencer le suivant. Les nœuds se font de la même manière, mais cette fois de droite à gauche. Une fois à la fin de ce deuxième rang, vous aller de nouveau changer de sens, et ainsi de suite jusqu'au dernier rang.
9. Pour ajouter une nouvelle couleur, suivez l'étape 1 du *nœud baguette vertical* avec le nouveau fil. Laissez le fil de la couleur ou section précédente en place. Pour le reprendre, il vous suffira de le faire passer derrière la suspension jusqu'à l'endroit où vous devez le nouer.
10. Poursuivez votre création en vous référant au schéma de travail.
11. Quand vous avez terminé, rentrez tous les fils qui dépassent (sauf ceux du bas) derrière la suspension. Si besoin, coupez-les et fixez-les avec de la colle à tissu.
12. Détortillez chacun des fils centraux du bas de la suspension. Peignez-les avec vos doigts ou au peigne. Coupez les extrémités pour qu'ils aient tous la même longueur.

ASTUCE :

Si vous êtes plutôt visuel, n'hésitez pas à regarder des vidéos en ligne pour apprendre le *nœud en tête d'alouette* et le *nœud baguette vertical*.

Comment faire un *nœud en tête d'alouette* :

1. Pliez votre fil en deux.
2. Placez la boucle centrale sur la baguette.
3. Passez les deux brins dans la boucle et tirez.

Comment faire un *nœud baguette vertical* :

1. Passez le fil de travail sous les deux premiers fils centraux. Gardez un peu de longueur à gauche.
2. Ramenez le fil de travail devant les fils centraux, puis passez l'extrémité de droite dans la boucle.
3. Serrez bien et faites coulissez le nœud pour le remonter.
4. Répétez ce même nœud une deuxième fois pour finaliser votre *nœud baguette vertical*.
5. Quand vous travaillez de gauche à droite, la boucle est toujours à droite. Quand vous travaillez de droite à gauche, elle est à gauche !

Nœud en tête d'alouette

Nœud baguette vertical

Ajout d'une nouvelle couleur

Schéma du blason de Poudlard en macramé

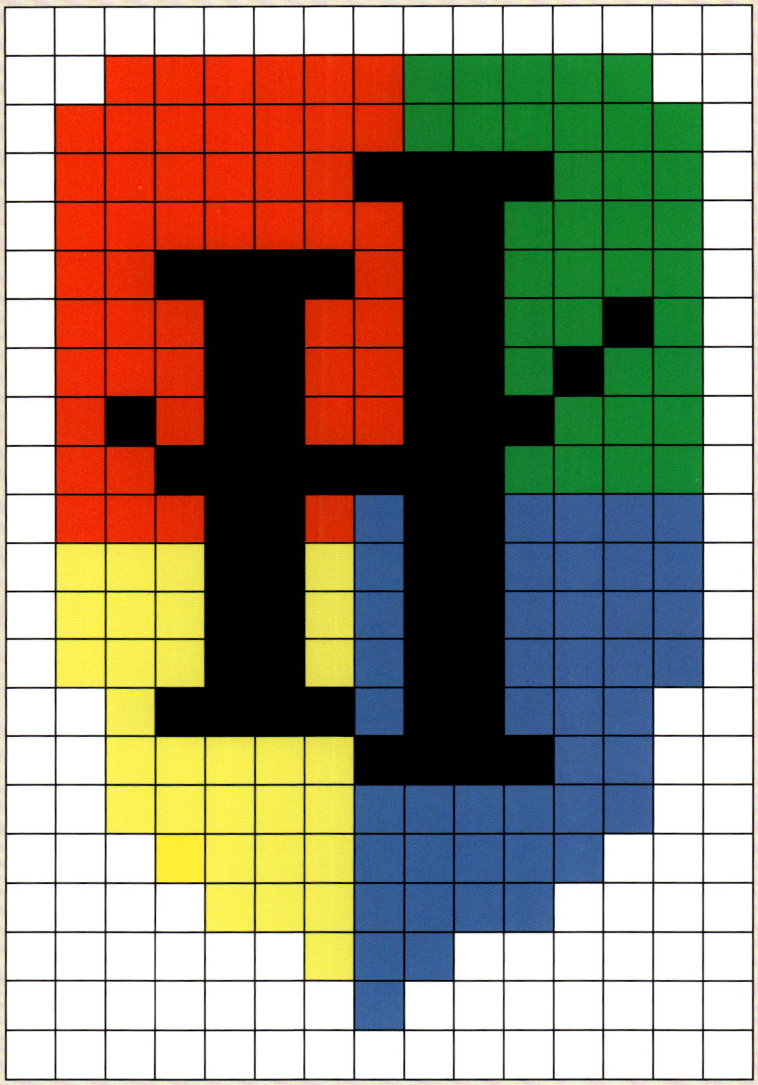

En coulisse

Si les interprètes des élèves de Gryffondor grandissaient d'année en année, ça n'était pas le cas de leurs lits ! Quand ils ont imaginé les dortoirs, les cinéastes ont utilisé les mêmes meubles pour tout le monde, mais en les personnalisant selon les centres d'intérêts des personnages. Par exemple, Ron placarde autour de lui ses affiches des Canons de Chudley (une équipe de Quiddich) tandis que Neville est toujours entouré de livres et de plantes. Les accessoiristes ont systématiquement renouvelé les annonces de clubs, objets perdus et tutorat du panneau d'affichage.

« Je ne rentre pas chez moi.
Pas vraiment. »

Harry Potter, *Harry Potter à l'école des sorciers*

Le coussin Reliques de la Mort

Les Reliques de la Mort viennent d'un récit sorcier, « Le Conte des trois frères », publié dans *Les Contes de Beedle le Barde*. Un jour, trois frères se retrouvèrent face à la Mort. Ils passèrent avec elle un accord et chacun reçut un cadeau : la Baguette de Sureau, la Pierre de Résurrection et la Cape d'Invisibilité. Peu de temps après, les frères ayant reçu la baguette et la pierre connurent une fin tragique. Le dernier frère, lui, vécut longtemps et heureux, caché sous sa cape pour échapper à la Mort. Son heure venue, il accueillit celle-ci en amie. Ce que la plupart des sorciers ignorent, c'est que ces trois cadeaux légendaires existent réellement et constituent, à eux trois, les Reliques de la Mort.

Dans *Harry Potter et les Reliques de la Mort, 1re partie*, Albus Dumbledore lègue son exemplaire des *Contes de Beedle le Barde* à Hermione. Quand les trois amis rendent visite à Xenophilius Lovegood, le père de Luna, pour l'interroger sur le symbole des fameuses Reliques, celui-ci fait lire à Hermione le « Conte des trois frères » à Ron et Harry. L'idée d'essayer de tromper la Mort interpelle le trio, qui tente justement de retrouver les Horcruxes de Voldemort.

Et si, pour préparer votre maison à l'automne, vous créiez un coussin à l'effigie des Reliques de la Mort ? N'est-ce pas la meilleure saison pour se pelotonner dans la douceur d'un coussin et se plonger dans l'obsédant « Conte des trois frères » ?

Matériel

- Du tissu blanc ou gris 50 x 55 cm
- Un tapis de découpe et un cutter rotatif
- Du tissu noir 50 x 55 cm
- Du thermocollant double-face (à coudre)
- Un fer à repasser
- Le gabarit des Reliques de la Mort (p. 104)
- Une paire de ciseaux
- Une machine à coudre (facultatif)
- Des épingles
- Une baguette ou un kit guide-passe
- 4 kg de rembourrage pour coussin
- Une aiguille à broder

Instructions

1. Découpez deux carrés de 38 x 38 cm dans votre tissu blanc ou gris à l'aide du cutter rotatif et du tapis de découpe. Préparez également, dans le même tissu, trois rectangles de 8 x 45 cm.

2. Pliez vos carrés de tissu en deux et utilisez le repère des 60° du tapis de découpe pour les couper en triangle.
3. Découpez deux carrés de 30 x 30 cm dans le tissu noir et le thermocollant double-face à l'aide du cutter rotatif et du tapis de découpe.
4. Positionnez le thermocollant sur l'envers du tissu noir et fixez-le au fer à repasser. Ne retirez pas la languette du thermocollant pour l'instant !
5. Téléchargez ou décalquez le gabarit des Reliques de la Mort (p. 104) sur le tissu noir. Découpez soigneusement le motif aux ciseaux.
6. Retirez la languette du thermocollant fixé au tissu noir. Centrez le symbole sur l'endroit de l'un des triangles. Solidarisez les tissus avec le fer à repasser.
7. Le thermocollant devrait suffire à maintenir le tissu en place, mais le rendu sera meilleur avec un point de couture. Faites un point zig-zag au fil noir le long des bords du motif.
8. Placez bord à bord l'un des rectangles blancs (ou gris) et le triangle décoré, endroit contre endroit. Épinglez et cousez, en comptant une marge de couture de 0,6 cm.
9. Placez de la même manière les deux autres rectangles sur les deux autres bords et cousez-les un à la fois.
10. Placez le second triangle sur le premier, endroit contre endroit. Cousez-le à l'autre bord des rectangles.
11. À ce stade, seules les trois pointes du triangle ne sont pas encore cousues. Alignez les extrémités des rectangles de la première pointe et tracez une ligne reliant le sommet du premier triangle au sommet du deuxième. Faites une couture le long de cette ligne. Coupez l'excédent de tissu à 0,5 cm de la couture.
12. Coupez tous les angles en diagonale, en prenant garde de ne pas couper les coutures. Ceci va vous permettre d'obtenir des coins bien nets.
13. Répétez l'étape 11 pour la deuxième pointe du triangle. Laissez la troisième ouverte.
14. Retournez le coussin par la pointe restée ouverte. Utilisez une baguette ou un guide-passe pour faire ressortir les coins.
15. Prenez une poignée de rembourrage. Déchirez-le, faites-le bouffer dans vos mains, puis garnissez le coussin. Pour un meilleur résultat, commencez par remplir les pointes du triangle. Continuez à garnir le coussin, poignée par poignée, jusqu'à ce qu'il ait la fermeté désirée.
16. Une fois le coussin rempli, refermez la dernière pointe. Coupez le tissu en trop puis rabattez la marge de couture à l'intérieur. Épinglez le tissu et faites cette dernière couture à la main.

ASTUCE :

Surtout, utilisez du thermocollant « à coudre » si vous envisagez de coudre le motif sur votre coussin – vous endommageriez votre machine en essayant de coudre un thermocollant non prévu pour.

Gabarit des Reliques de la Mort

En coulisse

Les couvertures des livres reflètent leur époque de publication. Celle des *Contes de Beedle le Barde* est ancienne et usée, comme il convient à un livre légué. Ses pages ont été conçues avec le même souci du détail. Qu'ils soient visibles ou non à l'écran, les livres ne se résument pas à une belle couverture : MinaLima, le duo créatif à qui l'on doit les accessoires de la saga Harry Potter, a pensé à concevoir aussi leurs pages intérieures. Les acteurs ont adoré pouvoir réellement lire, par exemple, *Histoire de la magie* !

« La Baguette de Sureau », dit-il. Il dessina un trait vertical.
« La Pierre de Résurrection. » Il traça un cercle autour du trait.
« La Cape d'Invisibilité », acheva-t-il. Il enferma le cercle
et le trait vertical dans un triangle, reconstituant ainsi
le symbole qui intriguait tant Hermione.
« Voici rassemblées les Reliques de la Mort. »

Xenophilius Lovegood, *Harry Potter et les Reliques de la Mort, 1re partie*

Les stylos-baguettes magiques

Les baguettes sont indispensables pour lancer sortilèges et enchantements. Le plus fou, c'est qu'il n'y en a pas deux pareilles ! Elles sont parfois conçues dans le même bois ou avec un même cœur, mais chaque sorcier possède une baguette absolument unique.

La scène culte et pleine de magie dans laquelle Harry reçoit sa baguette, dans *Harry Potter à l'école des sorciers*, résulte de simples effets mécaniques. À 120 images par seconde (au lieu de 24), la fumée, la lumière et le vent qui souffle dans les cheveux de Harry paraissent véritablement surnaturels !

On dit qu'une baguette choisit son sorcier. Cette fois, c'est vous qui allez créer la vôtre ! Voici une façon simple et créative d'améliorer le contenu de votre trousse – qui alimentera, le jour de la rentrée, toutes les conversations !

Matériel

- Des stylos (l'idéal étant des stylos en plastique d'entrée de gamme. Évitez ceux en plastique transparent)
- De la pâte polymère de couleur marron et marron métallisé
- Des perles, des strass et des cailloux pour les décors
- Des paillettes (facultatif)
- De la peinture transparente en spray ou du vernis

Instructions

1. Enlevez le bouchon, la pointe et l'encre du stylo et mettez-les de côté.
2. Prenez un peu de pâte et chauffez-la dans vos mains. Malaxez-la pour bien l'assouplir. Pour un effet marbré, ajoutez une seconde couleur et pétrissez jusqu'à obtenir l'aspect désiré. Pour un effet scintillant, ajoutez des paillettes fines, un peu à la fois, et malaxez pour bien les répartir.
3. Déchirez un petit morceau de pâte et enroulez-le autour du tube du stylo. Lissez en frottant légèrement avec le doigt. Continuez jusqu'à recouvrir entièrement le stylo. Attention à ne pas boucher l'ouverture (pour pouvoir remettre la pointe et l'encre).
4. Chaque baguette étant unique, vous allez maintenant pouvoir lui donner la forme de votre choix. Créez des textures, des formes amusantes, ajoutez des couleurs, des paillettes...
5. Décorez votre baguette avec des perles, des strass et/ou de petits cailloux. Vous pouvez coller des dizaines de petites perles sur toute la surface, ou ne mettre qu'une seule grosse perle ou roche à l'extrémité de la poignée.
6. Quand vous avez terminé, déposez votre baguette sur un plat recouvert de papier cuisson ou aluminium. Faites cuire selon les indications du paquet. Laissez-la refroidir complètement avant d'y toucher !
7. Recouvrez la baguette de deux couches de peinture transparente ou de vernis, pour la protéger – comme ça, pas besoin retourner chez Ollivander !

ASTUCES :

- Avant de commencer, vérifiez que votre stylo ne fondra pas ! Enlevez l'encre et la pointe et placez-le au four à 135°C pendant 10 minutes. Il n'est ni fondu, ni déformé ? Alors c'est bon !
- La pâte polymère n'étant pas comestible, je vous conseille d'utiliser un plat distinct, réservé à cette utilisation.

En coulisse

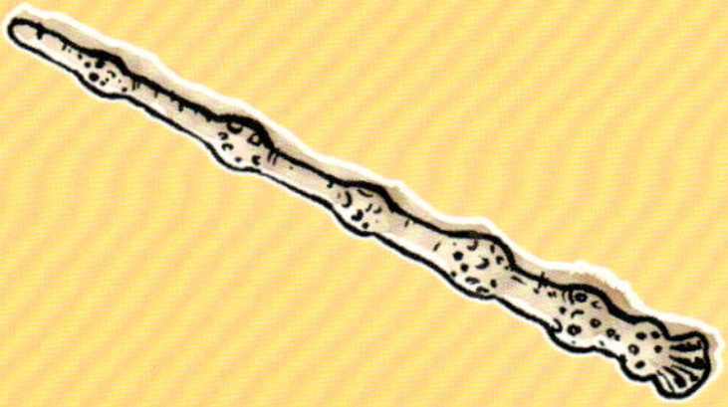

Dans les films, les baguettes ont toutes été imaginées et fabriquées selon la personnalité de leur propriétaire, ce qui accentue leur côté unique. Celle de Harry est sobre et évolue au cours des premiers films. Au contraire, celle de Voldemort, en os finement sculpté, ne change pas.

La baguette de Dumbledore, conçue pour *Harry Potter et le Prisonnier d'Azkaban*, fait finalement son apparition à l'écran dans *Harry Potter et la Coupe de Feu*. Elle est en bois de chêne et recouverte de nodules qui ressemblent à des grappes de baies de sureau… alors qu'elle a été créée plusieurs années avant que les romans ne révèlent l'existence de la Baguette de Sureau ! Son aspect exceptionnel, reconnaissable entre mille, en fait la légendaire Relique que le spectateur découvre dans *Harry Potter et les Reliques de la Mort* !

« La baguette choisit son sorcier, M. Potter. Les raisons n'en sont pas toujours évidentes. Mais ce qui est évident, c'est que vous êtes appelé à faire des grandes choses. »

Ollivander, *Harry Potter à l'école des sorciers*

Les bougies au jus de citrouille

Traditionnellement servi sur de la glace, le jus de citrouille est une boisson particulièrement appréciée dans le monde magique. On en trouve à bord du Poudlard Express ainsi qu'à Pré-au-Lard. Repas ordinaire ou dîner de fête, les sorciers s'en régalent à la moindre occasion. À Halloween, les citrouilles du champ de Hagrid servent à décorer la Grande Salle – et probablement aussi à préparer des litres et des litres de jus pour le banquet !

Dans *Harry Potter et le Prince de Sang-Mêlé*, Harry profite du petit-déjeuner pour faire croire à Ron qu'il a versé un peu de potion *Felix Felicis* dans son jus de citrouille. Persuadé d'avoir bu de la « chance liquide », Ron prend suffisamment confiance en lui pour jouer un match parfait contre Serpentard et faire gagner les Gryffondor.

L'automne est la saison des saveurs chaudes et réconfortantes. Elle est indissociable des citrouilles, potirons et autres courges enchanteresses. Préparez cette bougie pour répandre chez vous leur odeur délicieuse ! N'hésitez pas à l'offrir en cadeau à vos amis, tout comme vous partageriez avec eux une bonne bouteille de jus de citrouille !

Matériel

- Un verre résistant à la chaleur
- Une mèche de 15 à 20 cm et un autocollant pour mèche de bougie
- 200 g de gel à bougie transparent
- Une casserole de taille moyenne
- Un thermomètre à bougie
- Du colorant alimentaire orange
- Du parfum à bougie à la citrouille (spécialement prévue pour le gel à bougie)
- 2 baguettes
- Du scotch ou 2 élastiques
- Une paire de ciseaux

Instructions

1. Nettoyez soigneusement le verre à l'eau savonneuse et laissez-le sécher.
2. Posez l'autocollant sur le support en métal de la mèche. Placez la mèche au centre du verre, le support métallique en contact avec le fond. Utilisez une baguette ou un crayon pour appuyer sur l'autocollant et le faire adhérer au verre.
3. Découpez au couteau six cubes de gel à bougie de 1,5 à 2,5 cm de côté. Inutile qu'ils soient parfaits : ce sont les « glaçons » de la bougie. Réservez.
4. Déposez le reste du gel dans la casserole et faites-le fondre à feu moyen. Faites monter la température jusqu'à 93°C (utilisez le thermomètre à bougie) puis maintenez cette température et mélangez le gel sans vous arrêtez, jusqu'à ce qu'il soit complètement lisse et fondu.
5. Ajoutez 3 à 5 gouttes de colorant orange et mélangez pour bien incorporer. Commencez par 3 gouttes, puis ajoutez une goutte à la fois si nécessaire, en mélangeant bien avant d'en rajouter. On a vite tendance à en mettre trop !
6. Ajoutez 20 à 30 gouttes de parfum à bougie et mélangez bien pendant 2 minutes.
7. Pour maintenir la mèche en place, posez deux baguettes sur le bord du verre de part et d'autre de la mèche. Fixez-les avec des élastiques ou du scotch.
8. Versez doucement et précautionneusement le gel dans le verre, en vous arrêtant à 5 cm du bord. Faites attention, le gel est très chaud !
9. Attendez 2 minutes puis enfoncez les « glaçons », avec une baguette, à mi-chemin dans le gel (vous ne les utiliserez peut-être pas tous).
10. Laissez la bougie refroidir à température ambiante pendant au moins 4 heures.
11. Quand elle est refroidie, enlevez les baguettes et coupez la mèche avec des ciseaux ou un coupe-ongle, à 5 mm au-dessus du gel.

ASTUCE :

Soyez prudent ! Ne laissez jamais votre bougie allumée sans surveillance. Évitez de la laisser se consumer jusqu'au bout. Posez-la toujours sur une surface non inflammable et loin d'objets susceptibles de prendre feu.

En coulisse

À propos de banquet, saviez-vous que tous les plats et boissons servis dans *Harry Potter à l'école des sorciers* étaient bien réels ? C'était un souhait du réalisateur Chris Columbus, pour que la nourriture visible à l'écran reste fidèle à celle décrite dans le roman. L'inconvénient, c'est qu'après quelques jours de tournage, l'odeur des plats en décomposition a envahi le plateau ! Dans les films suivants, les cinéastes ont donc utilisé de faux aliments ou des aliments congelés.

« La nuit va être pénible, Potter. Avoir des os qui repoussent, c'est une épreuve. Vous vous attendiez à quoi, à du jus de citrouille ? »

Madame Pomfresh, *Harry Potter et la Chambre des secrets*

Chapitre 4

Hiver

« Asseyez-vous, asseyez-vous.
Les cadeaux, maintenant ! »

Molly Weasley, *Harry Potter et l'Ordre du Phénix*

Godric Gryffind

Les bombes chocogrenouilles

Quel que soit leur âge, tous les sorciers aiment les Chocogrenouilles ! Cette confiserie populaire est vendue avec une carte à collectionner représentant un sorcier ou une sorcière célèbre. Les Chocogrenouilles sont faites avec 70 % de « Croakoa », un ingrédient magique qui leur permet de sauter comme de vraies grenouilles. J. K. Rowling dit même que ce sont ses bonbons magiques favoris.

Les Chocogrenouilles sont loin d'être les seules sucreries ensorcelées. Les Suçacides, les Fizwizbiz ou encore les Souris glacées, pour ne citer qu'elles, ont des effets surprenants ! Les jumeaux Weasley ont même créé leur propre ligne de bonbons, aux conséquences diverses, pour échapper aux cours ou faire des blagues à leurs camarades. Petits-fours Tourndelœil, Nougats Néansang, Pastilles de Gerbe, Pralines Longue Langue et bien d'autres sont disponibles dans leur boutique !

Savez-vous qu'il est important pour un sorcier d'avoir toujours à portée de main du chocolat, sous forme de Chocogrenouille par exemple ? Il permet de se remettre du choc émotionnel intense que causent les Détraqueurs. Le professeur Lupin confie cette astuce à Harry en lui tendant un morceau de chocolat quand il revient à lui après avoir été attaqué par un Détraqueur à bord du Poudlard Express, dans *Harry Potter et le Prisonnier d'Azkaban*.

Quand arrive le froid, rien ne vaut une bonne tasse de chocolat fumant. Et pour donner à cet hiver un peu de magie, préparez ces bombes chocogrenouilles à partager en salle commune ! Cette friandise goûteuse fera sauter vos amis… de joie !

Ingrédients

Pour 8 bombes chocogrenouilles

- 85 g de pistoles de chocolat au lait à fondre
- Un moule de grenouille (trouvable en ligne)
- 170 g de pépites de chocolat peu sucré
- 120 ml de mélange pour chocolat chaud (tout prêt ou fait maison)

Mélange pour chocolat chaud

- 200 g de lait en poudre
- 200 g de sucre en poudre
- 75 g de cacao non sucré

Instructions

Chocolat chaud maison :

1. Versez tous les ingrédients de la préparation dans un saladier et mélangez.
2. Comptez 100 g de cette préparation et 120 ml d'eau chaude pour un bol de chocolat chaud.

Bombes chocogrenouille :

3. Faites fondre les pistoles de chocolat au micro-onde ou au bain-marie. Si vous optez pour le micro-onde, utilisez un récipient adapté et chauffez par intervalle de 30 secondes, en mélangeant à chaque fois, jusqu'à ce que le chocolat ait complètement fondu.
4. Avec le dos d'une cuillère ou un pinceau à pâtisserie, déposez une couche uniforme de chocolat dans les cavités du moule. Faites prendre au réfrigérateur pendant 10-15 minutes.
5. Faites fondre les pépites au micro-onde ou au bain-marie. Si vous optez pour le micro-onde, utilisez un récipient adapté et chauffez par intervalle de 30 secondes, en mélangeant à chaque fois, jusqu'à ce que le chocolat ait complètement fondu.
6. Versez 80 g de préparation au chocolat maison (ou prête à l'emploi) dans le chocolat fondu et mélangez. La texture doit être épaisse et granuleuse.
7. Versez le mélange dans les moules tapissés de chocolat. Lissez la surface au tapotant du bout du doigt.
8. Placez au réfrigérateur pour 30 minutes au moins.
9. Une fois le chocolat refroidi, démoulez délicatement les grenouilles.
10. Pour servir, chauffez 280 ml de lait dans un verre et faites tomber une grenouille dans le fond. Mélangez à la cuillère jusqu'à ce que la grenouille ait fondu, puis ajoutez votre topping préféré !

ASTUCE :

Si vous aimez, ajoutez 1 à 2 gouttes d'extrait de menthe. Pour des bombes blanches, utilisez des pistoles et pépites de chocolat blanc, et une préparation pour chocolat blanc chaud.

En coulisse

L'emballage des Chocogrenouilles n'étant pas mentionné dans les livres, la créatrice d'accessoires Ruth Winick a imaginé la boîte à partir d'une forme de pentagone, en s'inspirant de l'architecture gothique de Poudlard. Les cartes de sorciers, sur fond de ciel bleu nuit parsemé d'étoiles, font écho aux cadres dorés finement décorés des escaliers du château.

« Ce ne sont pas de vraies grenouilles, j'espère ?

- C'est un sortilège ! Et puis, ce qui compte, ce sont les cartes. Dans chaque paquet, il y a un sorcier ou une sorcière célèbre. Moi, j'en ai déjà 500. »

Harry et Ron, *Harry Potter à l'école des sorciers*

Les caramels à la mélasse de Hagrid

Rubeus Hagrid, le gardien des Clés et des Lieux de Poudlard, aime cuisiner et semble apprécier ses propres petits plats… qui ne sont pas toujours du goût de ses convives. Chaque Noël, il prépare des caramels à la mélasse qu'il partage avec les autres professeurs de l'école – des caramels qui, parait-il, vous débarrassent des limaces en moins de deux !

Facile et amusante à préparer, cette sucrerie tout à fait délicieuse est un formidable cadeau à offrir à vos proches pendant les fêtes !

Ingrédients

Pour un plat de 22 x 33 cm (20 bouchées)

- 325 g de beurre
- 200 g de sucre
- 50 g de sucre roux
- 60 ml d'eau
- 1 cuillère à soupe de mélasse
- ½ cuillère à café de cannelle
- 200 g de pépites de chocolat noir
- 100 g d'éclats de noix de pécan ou de noix (facultatif)
- Un thermomètre à sucre

Instructions

1. Graissez votre plat et réservez.
2. Faites fondre le beurre à la casserole sur feu doux. Ajoutez le sucre, le sucre roux, l'eau, la mélasse et mélangez sans vous arrêter jusqu'à ce que le sucre soit dissout.
3. Sur feu moyen, mélangez jusqu'à ce que le thermomètre à sucre indique 143°C.
4. Retirez la casserole du feu, ajoutez la cannelle et mélangez.
5. Versez immédiatement la préparation dans le plat graissé.
6. Laissez le caramel refroidir pendant une minute puis parsemez de pépites de chocolat.
7. Avec une spatule en caoutchouc, répartissez les pépites qui fondent uniformément sur toute la surface.
8. Si vous le désirez, ajoutez des éclats de noix pendant que le caramel est encore chaud.
9. Laissez durcir au réfrigérateur.
10. Cassez le caramel en morceaux et conservez-le dans un récipient hermétique.

En coulisse

Pour donner à Hagrid sa taille de demi-géant, les cinéastes ont créé deux versions de sa cabane. La première était très grande et remplie de meubles surdimensionnés, beaucoup trop hauts pour des gens de taille normale comme Harry, Ron et Hermione. Le deuxième était au contraire tout petit et meublé d'objet miniatures, qui font paraître Hagrid immense !

« J'ai quelque chose pour toi. J'ai dû m'asseoir dessus, malheureusement, mais j'imagine que ce sera bon quand même. »

Hagrid, *Harry Potter à l'école des sorciers*

La couronne d'hiver

Même si Poudlard est grandiose d'un bout à l'autre de l'année, l'école devient particulièrement féérique sous la neige. À Pré-au-Lard, les maisons et boutiques au charme désuet sont constamment recouvertes d'un manteau blanc : les cinéastes expliquent que le village étant situé à la limite des neiges éternelles, l'hiver ne s'arrête jamais !

Préparez votre maison à un hiver « à la Poudlard » avec cette création ! Parée de laine blanche duveteuse et parsemée de rouge et d'or, cette guirlande accueille une chouette immaculée, une baguette magique et un Vif d'or scintillant !

Matériel

- Une couronne ronde en mousse ou en polystyrène de 30 cm de diamètre
- 10 mètres de gros fil chenille blanc
- Un pistolet à colle et des recharges
- Une figurine de chouette de 9 cm de haut
- De la feutrine blanche et rouge
- De la colle à tissu
- Une baguette
- Deux branches de baies artificielles en rouge et or
- Deux plumes de 10 cm
- De la peinture en spray ou acrylique marron et or
- Une boule en plastique doré pailleté de 5 cm de diamètre

Instructions

1. Collez l'extrémité du fil chenille sur la couronne (en haut ou derrière). Enroulez le fil tout autour de la couronne, en serrant bien et en veillant à ce qu'on ne puisse plus voir la mousse de la couronne. Fixez le fil d'une goutte de colle tous les deux ou trois tours.

2. Une fois la couronne intégralement recouverte, coupez le fil au niveau de votre point de départ. Si vous avez placé celui-ci en haut ou derrière la couronne, la jonction restera invisible. Enlevez les éventuels fils de colle.

3. Positionnez votre chouette sur la couronne à 6 heures (prenez exemple sur la photo), un peu vers l'avant. Appliquez une bonne quantité de colle sur la base de la figurine et pressez jusqu'à ce que la colle ait pris.

4. Coupez un morceau de feutrine blanche de 2 x 2,5 cm et un triangle de même largeur. Alignez les bords du rectangle et du triangle et collez-les avec la colle à tissu. Découpez un petit cercle (3 mm de diamètre) dans la feutrine rouge et collez-le sur la pointe du triangle. Vous venez de créer une lettre d'admission à Poudlard miniature ! Collez-la au pistolet à colle juste sous le bec de la chouette.

Suite page 128

En coulisse

Si la neige a l'air tout à fait vraie à l'écran, elle résulte en réalité de quelques petites astuces de magicien… L'une d'elle consiste à broyer du papier jusqu'à ce qu'il ait la consistance de la neige. L'avantage du papier, c'est qu'il est biodégradable et donc adapté aux tournages en extérieur ! La neige qui saupoudre les toits est un mélange de sulfate de magnésium et d'eau. Et pour les chutes de neige, l'idéal est d'utiliser du plastique déchiqueté – en plateau intérieur uniquement.

« Le bal de Noël est une tradition du Tournoi des Trois Sorciers. La veille de Noël, nos invités et nous serons réunis dans la Grande Salle pour une soirée d'une frivolité mesurée et convenable. »

Minerva McGonagall, *Harry Potter et la Coupe de Feu*

5. Passons à la baguette magique ! Amusez-vous à créer des formes avec la colle sur la baguette, en prenant garde de ne pas vous brûler.

6. Coupez les branches artificielles juste en dessous des dernières baies. Courbez-les précautionneusement pour leur donner la forme de la couronne. Glissez le bas de la première branche dans le fil chenille, juste en dessous de la chouette, et fixez-la d'une goutte de colle.

7. Plaquez la branche contre la guirlande et orientez les baies (si possible) pour créer l'aspect qui vous convient. Quand l'arrangement vous plait, collez la branche à la couronne d'une goutte au centre et d'une autre en haut de la branche.

8. Répétez les étapes 6 et 7 pour l'autre branche rouge, en plaçant cette fois le bas de la branche à « 1 heure ». Arrangez la branche et les baies contre la couronne et collez.

9. Prenez deux brins de la branche dorée et placez-en un à côté de chaque branche rouge. Collez les extrémités.

10. Peignez l'avant des deux plumes avec votre peinture dorée. Laissez sécher complètement.

11. Peignez la baguette magique en marron. Laissez sécher complètement.

12. Prenez la boule dorée dans la main, en orientant l'attache vers l'arrière. Faites un petit trou de chaque côté de la boule avec une pointe de cutter. Glissez soigneusement les plumes dans ces trous et déposez un peu de colle pour les maintenir en place. Vous savez quoi ? Vous venez de fabriquer un Vif d'or !

13. Positionnez le Vif d'or sur la couronne, juste au-dessus des branches de droite. Déposez une bonne quantité de colle sur la couronne et collez la petite boule au niveau de l'attache. Pressez jusqu'à ce que la colle ait pris. Ébouriffez les ailes, si nécessaire.

14. Attachez la baguette à la couronne, légèrement de biais, sous la chouette. Fixez-la d'une ou plusieurs gouttes de colle.

ASTUCE :

Pour de meilleurs résultats à l'étape 5, appliquez la colle en fines couches, en laissant sécher entre chaque couche. Pour un résultat uniforme et sans coulures, tournez la baguette pendant que la colle sèche. Une fois terminée, laissez-la sécher complètement.

La bombe de bain de Mimi Geignarde

Si vous entrez dans l'une ou l'autre des salles de bain de Poudlard, attendez-vous à y croiser le fantôme de Myrtle Warren (*alias* Mimi Geignarde) en train de pleurer et de geindre, la mine défaite, enfermée dans les toilettes. Et quand elle ne pleure pas, elle espionne les élèves... ce qui s'avère parfois fort utile. Pendant le Tournoi des Trois Sorciers, Mimi explique ainsi à Harry (qui prend un bain) qu'elle a épié Cedric Diggory dans la salle de bain des préfets et qu'elle l'a vu ouvrir son œuf d'or sous l'eau pour découvrir l'indice de la Deuxième Tâche. Un sacré coup de pouce pour notre héros !

Le château de Poudlard est froid en hiver, surtout dans les salles de bain hantées... Réchauffez-vous et détendez-vous dans votre baignoire (en prenant garde à Mimi !) avec cette bombe de bain. Une réalisation toute simple, dans un emballage à l'effigie du plus ronchon des fantômes !

Matériel

- Un saladier
- Un fouet
- 120 g de bicarbonate de soude
- 60 g de fécule de maïs
- Du colorant noir pour savon liquide
- ¼ cuillère à café de parfum pour savon
- 1 à 2 cuillères à café (5 à 10 ml) d'huile d'amande douce ou d'alcool isopropylique
- 120 ml d'acide citrique
- Un moule sphérique en métal pour bombe de bain
- Un sac en plastique transparent de 30 x 13 cm
- Deux petits élastiques
- Du ruban noir
- Le gabarit de Mimi Geignarde ci-dessous

Instructions

1. Mélangez le bicarbonate de soude et la fécule de maïs dans votre saladier.
2. Ajoutez quelques gouttes de colorant noir. Si vous souhaitez renforcer la couleur, ajoutez du colorant, une goutte à la fois. Vous devez obtenir une nuance gris clair rappelant le teint spectral de Mimi.
3. Pour que votre bombe de bain sente meilleur que la cachette de prédilection de Mimi, ajoutez le parfum de votre choix !
4. Versez l'huile d'amande douce et mélangez jusqu'à ce que la préparation soit homogène.

Gabarit de Mimi Geignarde

5. Pour finir, ajoutez l'acide citrique : c'est ce qui fera « pétiller » la bombe quand elle entrera en contact avec l'eau de votre bain. Une fois mélangée, votre préparation doit avoir la consistance du sable mouillé.
6. Remplissez les deux moitiés du moule, puis assemblez-les. Retirez l'excès de poudre au niveau de la jointure.
7. La bombe de bain étant humide, elle est très fragile. Laissez-la durcir 12 à 24 heures. Si vous êtes pressé, placez-la 30 minutes au réfrigérateur.
8. Pour démouler votre bombe, tapotez délicatement le moule avec une cuillère. Vous pouvez aussi le mettre au congélateur.
9. Pour créer l'emballage à l'effigie de Mimi, déposez votre bombe au centre du sac en plastique.
10. Fermez le sac de chaque côté avec les élastiques. Pour reproduire les fameuses couettes de Mimi, nouez le ruban noir de manière à recouvrir les élastiques. Recoupez les bords du sac pour les égaliser.
11. Pour terminer, téléchargez ou décalquez le gabarit ci-dessous pour ajouter la mine boudeuse de Mimi à votre bombe !

ASTUCE :

Les ingrédients de cette recette sont sains, même pour les peaux sensibles. Pour une bombe hypoallergénique, supprimez le parfum et le colorant.

En coulisse

Cela ne se voit pas mais l'actrice Shirley Henderson, qui prête ses traits à Mimi Geignarde, avait 37 ans au moment du tournage de *Harry Potter et la Chambre des secrets* – ce qui fait d'elle la doyenne des élèves de Poudlard ! Dès son audition, Chris Columbus, le réalisateur, a su qu'il tenait sa Mimi !

« Je suis Mimi Geignarde ! ça ne m'étonne pas que tu ne saches pas qui je suis ! Qui aurait envie de parler de l'affreuse, de la malheureuse Mimi qui broie toujours du noir ? »

Mimi Geignarde, *Harry Potter et la Chambre des secrets*

Les écharpes des quatre Maisons (sans couture !)

Chaque maison de Poudlard est représentée par des couleurs, qui sont reprises sur les uniformes, les blasons et tout un tas d'autres objets. Certains élèves les arborent même autour du cou ! L'écharpe est en effet un accessoire idéal pour affronter le froid des matins d'hiver dans le parc du château.

Vous aussi, réchauffez vos promenades autour de Poudlard avec une écharpe réalisée à la main aux couleurs de votre maison préférée. Et pour cela, nul besoin de connaitre la technique du tricot ou du crochet. Assemblez les couleurs de votre choix et préparez-vous à avoir chaud tout l'hiver !

Matériel

- 55 mètres de fil à boucles (en deux coloris, soit 27,5 mètres de chaque)
- Une paire de ciseaux

Instructions

1. Choisissez la maison de Poudlard que vous souhaitez représenter et prenez les pelotes correspondantes :
    - Gryffondor : rouge et jaune
    - Serdaigle : bleu et gris
    - Poufsouffle : jaune et noir
    - Serpentard : vert et gris
2. Pour une écharpe de 15 x 200 cm, commencez par mesurer 15 cm de fil et comptez combien de boucles cela représente. À titre d'exemple, mon écharpe compte 10 boucles pour 15 cm.
3. Posez le fil sur une surface plate, boucles vers le haut, avec l'extrémité à droite.
4. Posez un doigt sur la dernière boucle du rang et repliez le rang suivant au-dessus du premier. Comptez le même nombre de boucles et vérifiez qu'elles sont orientées vers le haut, et alignées avec les boucles du rang précédent.
5. En partant de la gauche, c'est-à-dire du pli du fil, prenez la première boucle du rang supérieur et glissez-la dans la boucle du dessous, de l'arrière vers l'avant.
6. Passez à la boucle suivante, en travaillant de la gauche vers la droite. Faites passer chaque fois la boucle du dessus dans la boucle du dessous, jusqu'au bout du rang.
7. Une fois le rang terminé, repliez le fil et comptez de nouveau les boucles. Répétez les étapes 4 à 6 pour former quatre autres rangs.
8. Pour ajouter la seconde couleur, incisez soigneusement la couture intérieure de la boucle du fil en cours. La boucle se transforme en simple fil linéaire. Coupez au milieu de la boucle pour séparer l'écharpe de la pelote. Coupez la première boucle de la seconde couleur de la même manière puis nouez les deux extrémités. Coupez l'excédent de fil.
9. Déroulez le nouveau fil au-dessus du rang que vous venez de terminer en ramenant les boucles vers le haut, comme précédemment. Faites deux rangs, puis cachez le nœud de jonction des deux couleurs dans l'écharpe.
10. Faites encore quatre rangs dans la seconde couleur puis repassez à la première. Répétez le processus jusqu'à obtenir 20 sections en tout.
11. Pour terminer l'écharpe, coupez le fil juste à côté de la dernière boucle. En partant du bord supérieur droit, passez la boucle de gauche dans celle de droite, et ainsi de suite sur tout le rang. Glissez la dernière boucle dans l'écharpe pour éviter qu'elle se défasse.

Technique du fil à boucle

En coulisse

L'uniforme de Poudlard a d'abord été composé d'une chemise blanche, d'une cravate et d'un pantalon gris pour les garçons, une jupe plissée grise pour les filles. Les élèves portent parfois une veste ou un pull aux couleurs de leur maison. La cravate des première année, noire à l'origine, a ensuite été ornée de l'emblème de Poudlard.

Les robes ressemblent aux robes universitaires traditionnelles… avec des manches de sorcier. Daniel Radcliffe confie qu'elles étaient aussi confortables que des pyjamas, mais que les feux allumés dans les cheminées de la Grande Salle réchauffaient trop la pièce pour qu'ils puissent les garder !

Habiller les jeunes acteurs n'a pas été une mince affaire. Pour chaque personnage, il a fallu coudre cinq costumes supplémentaires destinés aux cascadeurs. Rien que pour Harry, il est arrivé qu'il faille vingt-costumes pour Daniel Radcliffe et toutes ses doublures. Ça en fait, des robes !

« Vous savez dans quelle maison vous serez ?
J'espère bien aller chez les Gryffondor, on m'a dit que
Dumbledore y a fait toutes ses études.
Mais si jamais ils me mettent chez les Serpentard…
C'est la maison où Tu-Sais-Qui a fait ses études. »

Hermione Granger, *Harry Potter à l'école des sorciers*

Z
L

Les cache-mugs en tricot façon Weasley

Chaque hiver, Mme Weasley tricote à tous les membres de sa famille, Harry compris, un pull avec leurs initiales. Harry n'ayant jamais reçu de cadeau chez les Dursley, sa réaction devant son paquet le matin de Noël est particulièrement touchante : pour la première fois, il se sent faire partie d'une famille.

Cet hiver, habillez votre tasse préférée dans l'incomparable style Weasley avec un cache-mug qui maintiendra votre thé bien au chaud ! N'oubliez pas d'y ajouter votre initiale. Ce petit pull est enfantin à fabriquer, même si vous ne savez pas tricoter !

Matériel

- Un pull en tricot, neuf ou ancien
- Un mètre-ruban
- Une paire de ciseaux
- Du fil à broder assorti (à la couleur du pull) et une aiguille
- Un bouton en bois
- De la feutrine jaune
- Du fil à broder jaune

Instructions

1. Dénichez un pull à torsades – peu importe la couleur !
2. Mesurez la largeur de la manche. Si elle est supérieure à 10 cm, coupez la manche à 7,5 cm du bord, de manière à obtenir un anneau mesurant 7,5 x 10 cm à plat. Découpez soigneusement au niveau de la couture pour obtenir un rectangle de 7,5 x 20 cm.
3. Si la manche est plus petite, découpez un rectangle de 7,5 x 20 cm dans le corps du pull.
4. Si la laine commence à s'effilocher, faites un point de feston tout autour du rectangle avec du fil à broder de la couleur de pull.
5. Découpez une petite bande de 0,7 x 7,5 cm dans la manche ou dans le bas du pull. Fixez les extrémités de cette petite bande à l'une des largeurs de votre rectangle pour former une boucle. Faites un point de feston sur les longueurs de la bande si elle s'effiloche.
6. Cousez un bouton de bois de l'autre côté du rectangle, à 2,5 cm à peu près du bord.
7. Dessinez votre initiale (6 cm de haut) dans la feutrine jaune et découpez.
8. Placez l'initiale à 2,5 cm du bouton et cousez-la sur le rectangle de laine avec le fil jaune.
9. Enroulez le cache-mug autour d'une tasse, en positionnant les extrémités au niveau de l'anse. Rentrez le bouton dans la boucle pour le refermer.

ASTUCE :

Vous n'avez pas de pull à torsades sous la main ? Allez faire un tour en friperie !

En coulisse

Il fait sans doute un peu frais au Terrier, et Mme Weasley adore tricoter : il était donc logique que les vêtements des films soient réalisés au tricot ou au crochet ! Pulls, écharpes, chapeaux et couvertures ont été créés avec des imperfections pour leur donner un côté « fait main ». Les costumes que porte Mme Weasley dans *Harry Potter et la Chambre des secrets* ont nécessité huit à dix semaines de travail : il a fallu trouver des tissus anciens et crocheter tous les bords de ces laines, tweeds et velours côtelés !

« Joyeux Noël, Ron. C'est quoi ce pull ?

- C'est ma mère qui me l'a fait.
Je crois que tu en as reçu un toi aussi !

- J'ai reçu des cadeaux ? »

Harry et Ron, *Harry Potter à l'école des sorciers*

REVELIO
INCENDIO
RIDDIKULUS
REPARO
ALOHOMORA

Les dessous de verres à sortilèges

Être sorcier, c'est utiliser la magie – et donc, apprendre à maitriser des sortilèges ! C'est la raison pour laquelle les enfants sorciers entrent à Poudlard l'année de leurs 11 ans et apprennent tout ce qu'ils doivent savoir de leur monde.

Pour cet assortiment de dessous de verres, six sorts et enchantements ont été retenus : *Wingardium Leviosa* (qui fait léviter les objets), *Reparo* (qui répare les objets cassés), *Revelio* (qui révèle des objets cachés), *Alohomora* (qui ouvre les portes verrouillés), *Riddikulus* (qui repousse les Épouvantards) et *Incendio* (qui fait apparaitre des flammes).

Ces dessous de verres réalisés à partir de rondelles de bois s'intègreraient à merveille dans le décor rustique et chaleureux de l'auberge des Trois Balais.

Il ne vous reste plus qu'à y déposer une tasse fumante !

Matériel

- Six rondelles de bois brut de 10 cm de diamètre
- Du papier de verre
- Le gabarit des sortilèges à pyrograver (p. 146-147) ⬇
- Une paire de ciseaux
- Un crayon
- Du scotch
- Un pyrograveur
- Du vernis ou de la peinture transparente en spray

Instructions

1. Poncez les rondelles de bois pour obtenir des surfaces lisses et propres. Attention à ne pas poncer l'écorce !
2. Téléchargez ou décalquez le gabarit des sortilèges à pyrograver sur du papier. Découpez aux ciseaux.
3. Retournez les modèles sur l'envers et coloriez toute la surface de la feuille au crayon pour y déposer une couche de graphite.
4. Centrez le premier modèle sur une rondelle de bois et fixez-le avec du scotch.
5. Repassez l'ensemble du motif au crayon en appuyant fort.
6. Retirez la feuille : le motif s'est transféré sur le bois… magique, non ? Répétez les étapes 4 et 5 pour les autres dessous de verres.
7. Utilisez une pointe de pyrograveur fine comme un crayon. Branchez l'appareil et laissez-le chauffer pendant au moins 5 minutes. Approchez la pointe du bois et passez sur les lettres qui forment le nom du sort.
8. Gardez une pression constante et douce sur le pyrograveur de manière à produire une « brûlure » uniforme. Pour obtenir des lignes plus sombres, inutile d'appuyer plus fort : passez simplement plusieurs fois sur le trait. Une pression trop fort peut endommager l'appareil.
9. Quand le lettrage est terminé, éteignez le pyrograveur et laissez-le complètement refroidir. Changez de pointe : prenez cette fois un embout large et arrondi. Branchez l'appareil et laissez-le chauffer au moins 5 minutes.
10. Toujours en maintenant une pression douce et constante, gravez le motif en passant plusieurs fois dessus pour l'accentuer.
11. Répétez les étapes 7 à 10 pour les autres dessous de verres. Utilisez une gomme pour effacer les éventuels traits de crayons restants.
12. Appliquez de la peinture transparente ou du vernis sur vos dessous de verres. Plusieurs couches seront peut-être nécessaires.

ASTUCE :

Testez les différentes pointes du pyrograveur avant de commencer pour bien comprendre le fonctionnement de l'appareil. Attention, il chauffe très fort ! Faites très attention et préparez votre espace de travail en amont, pour ne rien brûler par accident.

En coulisse

C'est une chose que l'on apprend en cours de Sortilèges : chaque incantation s'accompagne d'un mouvement de baguette spécifique. Les acteurs ont donc suivi des cours de chorégraphie : manier la baguette, c'est presque danser ! Ils ont découvert comment tenir leur instrument et comment lancer des sorts d'attaque ou de défense avec précision... et grâce !

« Wingardium Leviosaaaa !

- Stop, stop, stop ! Tu vas finir par crever un œil à quelqu'un. D'ailleurs, tu ne sais même pas le prononcer. C'est Levi-ooo-sa. Pas Levio-saaa. »

Ron et Hermione, *Harry Potter à l'école des sorciers*

Gabarits des dessous de verres

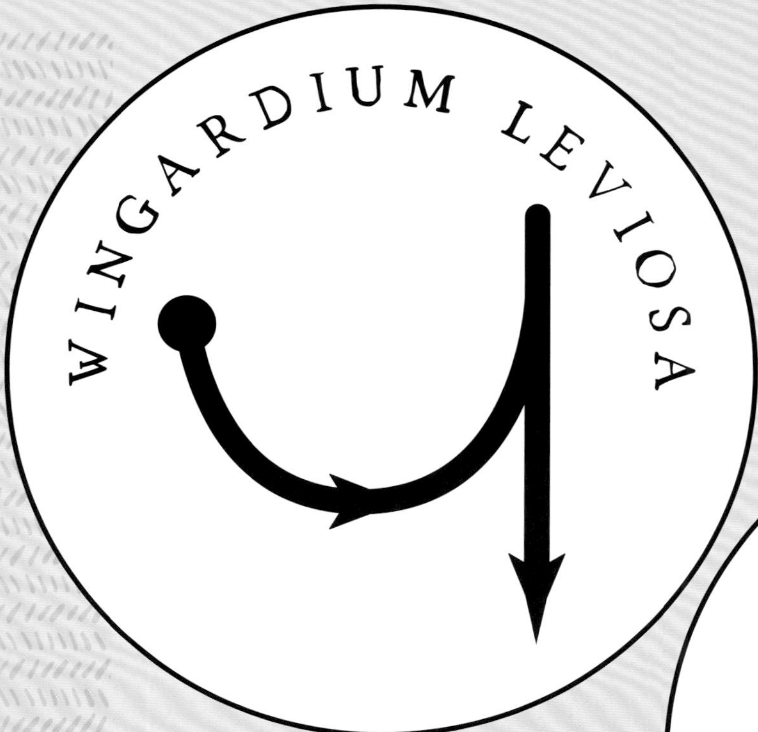

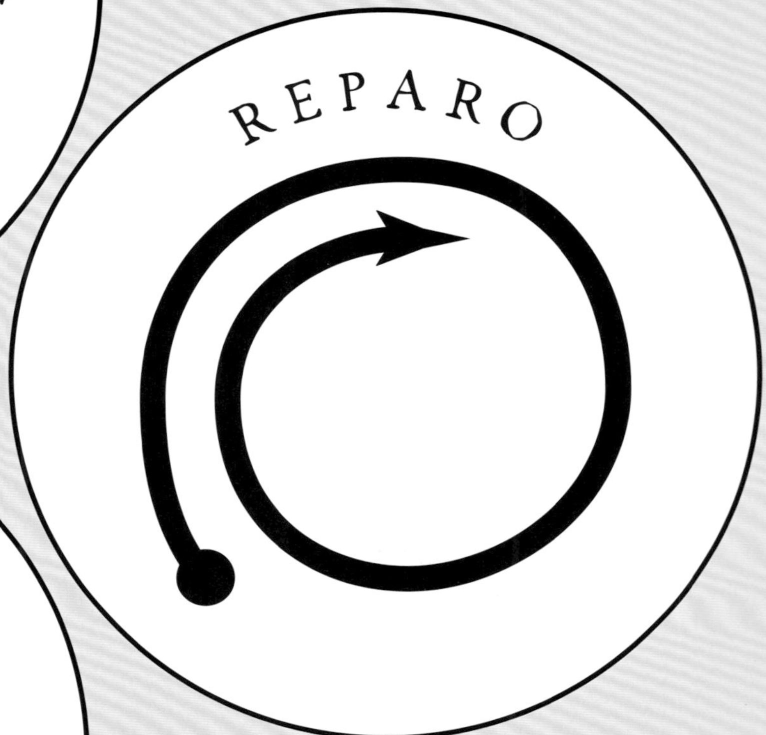

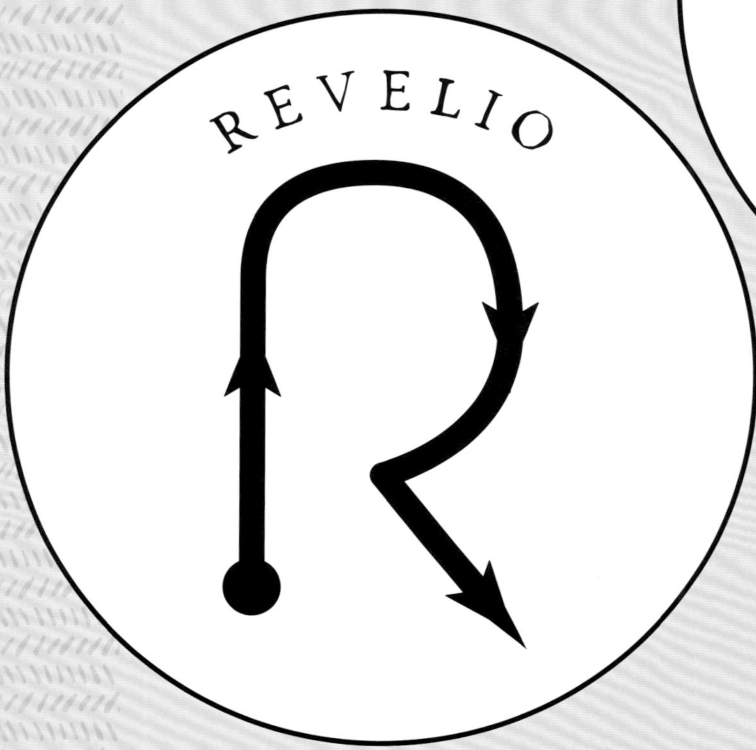

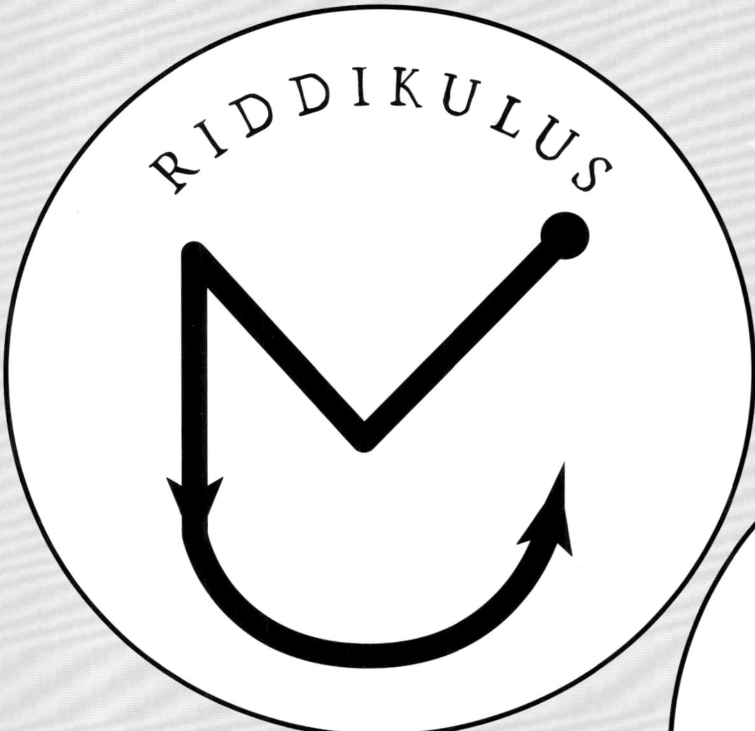
RIDDIKULUS

INCENDIO

ALOHOMORA

Conversions

Volume

États-Unis	Système métrique
⅕ teaspoon (tsp)	1 ml
1 teaspoon (tsp)	5 ml
1 tablespoon (tbsp)	15 ml
1 fluid ounce (fl. oz.)	30 ml
⅕ cup	50 ml
¼ cup	60 ml
⅓ cup	80 ml
3.4 fluid ounces (fl. oz.)	100 ml
½ cup	120 ml
⅔ cup	160 ml
¾ cup	180 ml
1 cup	240 ml
1 pint (2 cups)	480 ml
1 quart (4 cups)	0,95 litre

Températures

Fahrenheit	Celsius
200°	93.3°
212°	100°
250°	120°
275°	135°
300°	150°
325°	163°
350°	177°
400°	205°
425°	218°
450°	232°
475°	246°

Poids

États-Unis	Système métrique
0.5 ounce (oz.)	14 grammes (g)
1 ounce (oz.)	28 grammes (g)
¼ pound (lb.)	113 grammes (g)
⅓ pound (lb.)	151 grammes (g)
½ pound (lb.)	227 grammes (g)
1 pound (lb.)	454 grammes (g)

À propos de l'auteur

Originaire de l'Utah, aux États-Unis, Lindsay Gilbert est une moldue, experte en loisirs créatifs et fan de paillettes. Elle adore voyager, lire (surtout les romans *Harry Potter*) et passer du temps avec sa famille. Lindsay partage depuis dix ans ses tutoriels créatifs sur son site, Artsy-Fartsy Mama. Elle aime particulièrement réaliser des objets sur le thème de *Harry Potter*, ce qui lui a inspiré ce livre.

Remerciements

« Wingardium Levio-saaa ! »

« S'entraîner, c'est important. Mais il y a une chose qui l'est encore plus : avoir confiance en soi. »

Harry Potter, *Harry Potter et l'Ordre du Phénix*

Un immense merci à Jason, mon mari et moldu préféré, pour son amour et son soutien infaillibles dans cette aventure. À Zoey, ma fille, qui me fait regarder la vie sous un angle différent et me permet de revivre le monde magique de *Harry Potter* par ses yeux.

Beth et Laura sont pour moi ce que Ron et Hermione sont à Harry. Merci à vous de croire en moi, de m'inspirer et d'être là pour m'encourager. La tournée de Bièraubeurres est pour moi !

Merci à Sammy Holland ainsi qu'à toute l'équipe d'Insight Editions. Merci de cette incroyable opportunité et de tous vos efforts pour faire de ce rêve une réalité. Je n'en serai pas là sans vous.

THE
Weasley
FAMILY

HUGINN & MUNINN
57 rue Gaston Tessier
75166 Paris Cedex 19
www.huginnmuninn.fr

www.facebook.com/huginnetmuninn
@HUGINNMUNINNOFF
@huginnetmuninn

Traduction de l'anglais (États-Unis) par Marie Renier
Adaptation de la maquette par Élodie Gesnel

Publié pour la première fois aux États-Unis par Insight Editions en 2022 (titre original : *Harry Potter: Homemade)*

Chez Insight Editions
P.-D.G. : Raoul Goff
Directrice des licences et partenariats : Vanessa Lopez
Directrice de la création : Chrissy Kwasnik
Directrice de la production : Alix Nicholaeff
Directrice éditoriale : Vicki Jaeger
Graphiste : Judy Wiatrek Trum
Éditrice : Samantha Holland
Assistante éditoriale : Anna Wostenberg
Rédactrice en chef : Maria Spano
Responsable de production : Katie Rokakis
Assistante de production : Deena Hashem
Responsable de production, droits dérivés : Lina s Palma

Photographe : Ted Thomas
Stylisme : Elena P. Craig
Assistante culinaire: Megan Sinead Harris

Dépôt légal : février 2023
ISBN : 9782364808492

ROOTS of PEACE REPLANTED PAPER

Insight Editions et Huginn & Muninn, en association avec Roots of Peace, replanteront deux arbres pour chaque arbre utilisé pour la fabrication de ce livre. Roots of Peace est une association humanitaire internationalement reconnue qui se consacre à éradiquer les mines terrestres à travers le monde et à transformer les terres détruites par la guerre en fermes productives ou en sanctuaires pour animaux. Roots of Peace plantera deux millions d'arbres fruitiers et de noyers en Afghanistan et apportera aux agriculteurs présents les compétences et les outils nécessaires pour une utilisation rentable de leur terre.

Imprimé en Chine

GRYFFINDOR

HUFFLEPUFF

RAVENCLAW

SLYTHERIN

WEASLEY & WEASLEY

HOGWARTS RAILWAYS

HONEYDUKES

9 3/4
HOGWARTS EXPRESS